Les Poemes

de

Messire

Claude Expilly,

Conseiller du roy en son conseil
d'Etat et prézidant au Par-
-lemont de Grenoble

(Fragments. L'ouvrage complet est dans la Réserve.)

A Grenoble

De l'imprimerie de Pierre Verdier, imprimeur
du roy et de la cour de Parlement, demeurant
au devant et dans la salle du Palais.

M. DC. XXIIII.

L. 1010.
A

1103
2008

Y.

Memoires du Sieur Expilly,

Seruans a l'histoire du Dauphiné.

A TRES-HAVT
ET PVISSANT SEIGNEVR
FRANCOIS DE BONNE,

DVC D'ESDIGVIERES, PAIR ET
MARECHAL DE FRANCE, MARᴮCHAL
general aux Armées du Roy, & Lieutenant
general pour ſa Majeſté au Gou-
vernemant de Daufiné,
A preʒant Conétable de France.

MONSEIGNEVR,

Ie vous prezante ce livre, pour ſatis-
faire à mon dezir & au devoir qui m'y
oblige de longue-main. Ie voudroy qu'il peut re-
pondre à vôtre merite & à mon affeſtion, il en vau-
droit mieux, & j'en recevroi plus de contantemant:
Mais ſes ailes & mes forces ſont trop foibles pour y
arriver. Ie ſay qu'il faudroit une plume d'acier,
d'auſſi bonne trampe que voz armes invincibles,
pour écrire dignemant les louanges qui ſont deuës
à vôtre valeur. Mes eſperances n'ont jamais regardé
ſi haut. I'en laiſſe le deſſein à ceux qui ſe ſentiront
l'eſprit & le courage d'y ataindre, & qui pourront

Y ij

antreprandre de celebrer tant de grans combas par vous achevez en l'honneur du Roy, sous les heureux auspices de son nom & de sa bonne fortune, ayant non seulemant relevé la partie aux androis de la France, où sa Majesté vous a voulu amployer, mais ancore porté les rayons de sa gloire aux terres étrangeres, qui l'estimoient du tout étainte, & qui l'ont veu reluire & flamber, à leur malheur & nôtre avantage, parmi les éclairs de vôtre épee. Ie ne me sans capable de conduire jusques à la posterité le gros de tant de victoires: il me suffit d'en mener les coureurs, & inviter ceux qui sauront mieux faire à suivre ce méme chemin, & combatre contre les siecles, pour la memoire de celuy, qui a si bien combatu pour le service de son Roy. Bien me veux-se vanter d'une choze, qu'en volonté ie ne suis inferieur à nul de ceux qui honorent & cherissent voz vertuz : les obligations publiques, & tant de faveurs particulieres que i'ay receuës de vôtre grace, ont si avant angagé mon ame & toutes ses puissances, que ie seray sans varier en ce monde, & au delà.

MONSEIGNEVR.

A Paris ce 12. May 1596.

Vôtre tres-humble serviteur,

EXPILLY.

LA BATAILLE DE PONT-

charra, gagnée le Mecredy 18. de Septambre 1591. par Haut & puiſſant Seigneur FRANCOIS DE BONNE, Duc D'ESDIGVIERES, Pair & Maréchal de France, Maréchal general des Camps & Armées du Roy, & Lieutenant general pour ſa Majeſté en Dauphiné.

A preʒant Conétable de France.

'HYMNE ſuivant, fut fait en l'an 1591. ſur le ſujet de la Bataille de Pont-Charra. Ce fut au tans que les guerres civiles étoient furieuzemant alumées par toute la France, & que CHARLES EMANVEL, Duc de Savoye, avoit porté ſa perſonne, ſes eſperances, & ſes forces en Provance. L'Infante Caterine d'Eſpagne ſa fame étoit demeurée à Turin, gouvernante en tous ſes Etas, & reprezantant ſa perſonne. Dom Amedée Batard du Duc Emanuel Philibert, commandoit une Armée en Savoye, compozée de ſet mille hommes de pié Savoiziens ou Piémontois, dix Compagnies de Ians de Cheval, & trois çens Carabins. Dom Oliveres Eſpagnol s'étoit joint à luy, conduizant les troupes du Roy d'Eſpagne, qui étoient de trois Regimans, l'un de quinze çens Eſpagnols, l'autre de deux mille Napolitains, & le dernier de trois mille Milanois, de quatre çens Chevaux, & deux çens Carabins. Dom Amedee laiſſoit la peine & la conduite de tout à Oliveres,

Z

vieil & experimanté Capitaine , lequel ayant été
hónoré des premieres charges en Flandres , & amployé en Afrique pour le Roy fon maitre, s'étoit
acquis une grande creance & reputation parmy les
jans de guerre. Sur le commãçemant de Settambre,
céte Armee ainfi groffie fe vint loger en Dauphiné,
au village de Pont-charra , où elle fe fortifia de bar-
ricades & retranchemans , un affez gros torrant y
paffe, appellé Breda , le long duquel, depuis la Montagne, jufques à la riviere d'Izere , & dans ledit
Bourg furent logez les jans de Pié : les Milanois
furent mis au Chateau d'Avalon , & deux Compagnies de Savoiziens dans celuy de Bayard. Oliveres
voyoit dõc à fa téte, & à main gauche toute la valee
de Grézivodan , découverte jufques à Grenoble:
l'Izere le couvroit à main droite : à dos tout luy
étoit amy , & favorable , le pont & Château de
Montmeillan , Chambery , Conflans , la Rochete,
Charbonniere , bref toute la Savoye , qui luy four-
niffoit tout ce dont il avoit bezoin. FRANÇOIS DE
BONNE, DVC D'ESDIGVIERES, tenoit une
forte garnizon dans la ville de Grenoble. De forte
qu'étant convié d'aller en Provance , par Bernard
de Nogaret , Seigneur de la Valete, qui avoit fur les
bras le Duc de Savoye, il y étoit antré avec une petite Armee , en intantion de fe joindre à cele de
Monfieur le Conétable , laquele étoit au Vicariat
de Tarafcon , mais il luy fut impoffible , àcauze de
l'Armee du Duc de Savoye qui étoit antre-deux,
duquel dezirant divertir les forces , il avoit batu , &

pris la ville de Lus, à cous de Canon , & aloit aſſie-
ger Digne ; quand le Sieur de Morges,Gouverneur
de Grenoble, luy donne avis de l'antree des Annemis en Dauphiné , leſquels étans ſi fors , n'êtoient
pas,vray ſamblablemant, pour s'areter ſur la frontiere. Il part donc, & revient en dilijance avec ſes
troupes , & ſe rand à Grenoble , le douziéme de
Septambre , mille cinq cens quatre-vins & onze,
ayant fait avançer à Gonçelin le Sieur de Prabaud,
avec ſon Regimant , de trois mille hommes,qui fut
logé au Chelar , au delà dudit Goncelin , & le ſieur
de Mexples , avec ſix çens Provançaux , & quinze
çens hommes tirez des anfans de Grenoble , ou de
la garnizon , & de ceux qu'on peut recuillir de
Trieves, & des Montagnes , logez audit Gonçe-
lin.L'infanterie diſpozee en la ſorte,il fit avançer ſa
Cavalerie,ſavoir ſa compagnie d'hommes d'armes,
celes des ſieurs de Mures,& de Morges , & les
compagnies de Chevaux legers des Sieurs de Bri-
quemaut ,& de Vallouzes ,avec quelques Carabins : tout cela pouvoit faire quatre çens Chevaux.
Etant donc parti de Grenoble incommodé d'un
catharre,qui luy êtoit deſſandu ſur la jouë : & avec
luy anviron çent volontaires , il ſe randit ſur les ſix
heures du ſoir à Gonçelin,& à ſon arrivee rancontra
le Sieur de Belliers , qui venoit de faire une courſe
ſur les Annemis, ayant levé ſon logis au Marquis
d'Ais , aupres de la Rochete , & defait ſa compagnie de chevaux legers, avec ſes Carabins : il ame-
noit quantité de prizonniers , & de chevaux : Ses

jans ayant revêtu les cazaques rouges, qu'ils avoient
gaignees, donnerent quelque ébahiſſemant, pource
qu'en l'Armee du Roy toutes les cazaques étoient
blanches. Le lendemain Mardy dixſettiéme, môdit
Seigneur voulut aler luy méme reconnoitre le logis des Annemis, le chemin, les paſſages, & avenuës. Il choizit, & marqua de l'œil ſon champ de bataille, & apres avoir fait ataquer une legere écarmouche, pour voir leur contenance, & leur ordre,
il revint à Gonçelin. Le landemain Mecredy, dix-
huictiéme dudit mois de Settambre, ayant fait ſon-
ner les Trompetes, & batre les Tábours, à la pointe
du jour, il forma & tira ſur du papier l'ordre qu'il
vouloit tenir : & comme s'il eut été au conſeil des
Annemis, jugea dez lors tout ce qu'ils pouvoient
faire. Il avoit fait remonter ſur l'Izere deux Colou-
vrines pour s'en ſervir, s'il en avoit bezoin. Ayant
donc fait repaitre l'Armee, & la reveuë faite aux
prez de Chelar, il la fit anfiler dans le chemin, ſelon
l'Ordre premedité : print ſa Poſte au deçà du Cháteau de Bayard, & de la Maizon apartenant au
Sieur de Bernin : Ce fut dans un champ aſſez ſpa-
cieux : qu'on appelle le Plan de Villar-noir. Il mit le
Regimant du Sieur de Prabaud à main droite, au
pié d'une longue Coline, garnie de vignes : puis
logea environ trois çens Mouſquetaires dans des
Maizons, ou celiers avancez, pour tirer aux annemis, qui ſe pouvoient venir loger ſur un coutau, en
forme ronde, au deçà de Bayard, & donna les anfans perduz aux Sieurs de Regnier, Bar & Abel-

ly. Apres il mit à gauche du coté de l'Izere le Sieur de Mexples avec ses troupes, celes de Grenoble & autres Ians de pié, les Compagnies de Ians de Cheval des Sieurs de Mures, de Morges, Briquemaud & Valouzes, furent placees antre deux, le Sieur de Verace de la Maizon de Budee, Lieutenant du Sieur de Briquemaud, menoit les coureurs. Apres suivoit le Sieur de Polligny, avec la Compagnie de Ians d'Armes de mondit Seigneur, puis la Cornete blanche portee par le Sieur de la Villete, en laquelle il y avoit anviron çent volontaires, mettant aux deux côtez les Carabins, & au derriere tous les valets à cheval, léquels, l'épee nuë en main, faizoient paroitre de loin cet escadron bien plus gros qu'il n'étoit : ladite Cornete fut placee en cet ordre, pource qu'au dessous il y avoit un fond, ou valon que l'Annemy ne pouvoit découvrir, pour luy laisser l'opinion qu'il y avoit ancore d'autre Cavalerie qui suivoit : la Cornete blanche n'étant en coutume de faire l'arriere-garde. D'autre part Oliveres dispoza son Armee aux prairies qui sont au dessous du château de Bayard, ayant en front la Maizon du susdit Sieur de Bernin, où il logea çinq çens mousquetaires Espagnols, pour tirer dans nôtre Cavalerie & couvrir la sienne : s'étant amparé du coutau ou vignoble, duquel nous avons fait mantion,& qui avanse au deçà du château de Bayard, où il logea anviron quinze

çens Mousquetaires Savoiziens pour tirer dans les
preries , & flanquer, par ce moyen, sa Cavalerie &
Infanterie qui êtoit au bas. Ceux-cy soutenoient
ancore les soldas logez dans Grignon, êtans cou-
vers dudit Château de Bayard:au pié & le long du
coutau il logea le reste des Espagnols & Savoiziens.
Il y avoit une petite haye qui dessandoit vers la riviere &separoit les deuxArmees,il la garnit de force
mousquetaires Savoiziens , & mit du coté de l'I-
zere à sa droite un bataillon de gens de pié , com-
pozé de Napolitains & Milanois. Il fit trois esca-
drons de sa Cavalerie , qui faizoit contenance de
vouloir bien combatre. Sur les trois heures apres
midy nos anfans perduz commançerent d'ataquer
l'écarmouche , & nos soldas logez aux Celiers à
tirer dans le coutau : dont les annemis êtoient grandemant andommagez:de sorte que se perdant sans
pouvoir servir , ils furent en fin contrains de reculer & déloger,restans inutiles : car avant qu'ils fussent dessanduz en la plaine il leur convint faire un
assez grand tour , & n'arriverent au gros que sur le
tans que la route commança , servant plûtot de
proye aux vainqueurs que de secours aux ébranlez:
leur delogemant donna un grãd courage à l'Armee
du Roy , laquele avansant le pas & l'infanterie de
la main droite & gauche faizant bien son devoir, la
haye fut rompuë & amportee , ceux qui la defan-
doiët se retirerent dãs leurs bataillõs de main droite
& main gauche. Le Sʳ de Briquemaud fut commandé d'aller à la charge : mais l'Annemy,venant

auffi le pas, le tenoit en confideration, jufques à tant
que quelques uns des leurs, s'étans debandez, un,
antre autres vint la lance baiffee droit contre mondit Seigneur d'Efdiguieres, qui donnoit le commandemant d'aler à la charge, il l'atand & détour-
nant la lance, tuë à cous d'epee le maitre & le cheval: ce qui fit lever un grand cry. Les Annemis dou-
blans au trot & comme s'ils euffent voulu charger,
viennent à nous grandemant ofancez de nôtre infanterie : mais en lieu de joindre, êtans ataquez par
noz coureurs & l'avant-garde qui les fuivoit, ils re-
doublent la courfe & faizant comme un caracol
tournent, & prennent la fuite, laiffant leur infanterie toute nuë & découverte, laquele randit quelque combat : mais en fin ranverfee & mize en dezordre par la fuite des fiens, & la charge des notres,
la chaffe & turie en fut fi furieuze, que la plaine en
un momant fut toute couverte de mors, ceux qui
êtoient dans la maizon du Sr de Bernin & dans le
vilage mis en pieces : & bien que quelques galans
hommes, tant de pié que de cheval, fiffent reziftance fur le bord du torrant de Breda, ce ne fut que
pour randre la victoire plus glorieuze de leur mort
ou de leur prize : elle fut fuivie jufques aupres de
Montmeillan & de la Rochete, où les fuyars prin-
drent les deux routes : Car ce qui demeura de refte
dãs les chateaux de Bayard & d'Avalon ne tarda de
fe randre à difcretion, fortant la vie fauve, avec le
báton blanc, & promeffe de ne porter les armes de
trois ans contre le Roy : Galeas de Bel-joyeuze étoit

leur chef qui les devoit conduire en Flandre, deffandu de la race de Louïs de Bel-joyeuze, qui êtoit
Gouverneur de Pavie, quand Monfieur de Lautrec
la print par force d'armes. L'armee logea ce foir là
fur le champ de bataille : le butin fut grand, car de
ce Regimant de Milanois qui s'en aloit en Flandres, il n'y avoit gueres de foldas qui n'euffent des
chaines d'or, & châcun d'eux beaucoup d'arjant:
comme preparez pour un long voyage. Les dépouilles, les equipages, & les armes étoient en
grande quantité : il y eut anviron huit çens prizonniers, on ne peut bien affeurer du nombre des
mors : car les chemins, les prez, les chams, les vignes, le vilage, le torrant, les maizons, les bois,
jufques au delà des Moletes pres de Montmeillan,
êtoient pleinsd'Armes & de mors:on en conta anviron fet mille de cheval ou de pié : il y eut trante
deux Anfeignes gaignees, qui furent anvoyees au
Roy, un guidon & deux Cornetes, & portees par
le Sieur Cholier, qui fut depuis Vifenechal de
Montelimar. Dom Amedee, & Dom Olivere fe
fauverent, & gaignant le bois, y pafferent la nuict,
ne s'étans randuz à Montmeillan que le landemain
fur le tard. En l'Armee du Roy n'y moururent pas
çent hommes, & de ceux de marque, il n'y eut que
le Sieur de Vallouze qui fut bleffé, mais non de
playes morteles. Céte memorable bataille porta
grand étonnemant aux Annemis de la France, qui
peurent conoitre par là que Dieu affiftoit & benif-
foit les Armes du Roy, victorieux non feulemant

aux

aux androis où êtoit fa perfonne, mais ancore bien loin par fes Lieutenans Generaux. I'en fey dèlors l'Hymne, qui fuit cet êcrit, & dépuis j'ay eftimé que j'en devoy reprezanter icy un fommaire, & y marquer les noms & qualitez de quelques miéns amis qui s'y trouverent, & fignalerent leur vaillance, à fin que le Tans, qui à la longue effaffe toutes chozes, n'en éteigne fi prontemant la memoire, au moins fi mes foibles écris ont l'heur de paffer jufques à la Pofterité.

Là donques furent, antre les Ians de cheval, Imbert de Borrelon, Sieur de Mures, & de Chonas, Baron d'Auberive : Abel de Beranger, Sieur de Morges, & de S. Iean d'Herans, & de Termini, Gouverneur de Grenoble, Fort de Barraux, & Baillage de Grezivodan, Maréchal de Camp aux Armees du Roy : François de Galles Sieur du Bellier, auffi Maréchal de Camp aux Armees de fa Majefté, & Colonel general des Bandes Italienes, & des Legionaires François : Iacques Sieur de Polligny, Lieutenant de la Compagnie d'hommes d'Armes de mondit Seigneur le Duc d'Efdiguieres : Le Sieur de Briquemaud Noyan : Iean de Budé Sieur de Verace : Claude Baron Sieur de Vallouzes : François de Philibert de Charance Sieur de Montalquier, Capitaine des Gardes de mondit Seigneur, Gouverneur de Piemore, Iean de Revilliafc Maréchal de logis de la compagnie du Sieur de Morges : Iean de Montcha Maréchal de logis de celle du Sieur de Vallouzes : la Cornete blanche fut portee par Da-

niel de la Vilete Sieur de Veines, en laquele se
trouva l'élite d'une brave & gaillarde jeunesse, antre autres David du Terrail Sieur de Bernin, arriere
neveu du Chevalier Bayard, Pierre du Terrail,
Chevalier sans peur, & sans reproche tant renommé : Iean d'Arces Sieur de la Bayete, Lieutenant
pour le Roy au Gouvernemant du Fort de Barraux:
Charles de Champoleon Sieur de Chorges : Hanry
de Philibert de Charance Sieur de Vanterol , fis
ainé du Sieur de Montalquier : Iean Bailly Sieur de
Bellecombe, Conseillier du Roy au Parlemant de
Grenoble : François de Gratet Sieur de Gragnieu,
Comte de Bouchage, & Baron de Faverges : Pierre
Armand Sieur de Lus , Baron de Beurrieres : Gaspard de Perrinet Sieur du Barsas , Baron d'Arze-
liers, & de l'Aragne : Claude Tonnard, Com-
missaire General des guerres en Dauphiné, & premier Secretaire de mondit Seigneur le Duc : I'euz
l'heur de me treuver en céte bele occazion, sous la
méme Cornete blanche. Parmy les Ians de pié furent Gaspard de Bonne sieur de Prabaud, Gouverneur de la Ville & Citadele d'Ambrun : Daniel
de Comboursier sieur de Roizon : David de Regnier de Luc : Louïs de Ponnat de Seissins : le Sieur
de Mexples Biarnois : Claude Sarrazin, Sieur de
Trafort , Baron de Gresse : Hannibal d'Astres,
Gouverneur de la Ville & château de Briançon:
Paul du Vache , sieur de Perins : Iean le Blanc,
sieur du Perse : Louïs de Callignon , sieur de la
Frey , Serjant Majour de la Ville de Grenoble:

Iſac Bar ſieur de Sales , lequel commandant au Château de Cornillon ſur le Fontanier , avoit un an auparavant conduit une antreprize ſur le Fauxbour de ſainct Laurans de Grenoble, qui fut executee par mondit ſeigneur , & ladite Ville prize & remize en l'obeïſſance du Roy , tenant auparavant le parti de la Ligue : André Olier de Montjeu : Melchior de Peronet de Moirans , Alexandre de Bardonanche: Baltazar Abel : Paul Otard , dit Bragard , d'Or-pierre : Iean Falcoz,& Iean Baron,de Saſſenage:Michel de Bon,dit Beauregard,de Marſieux:Iſac de Granatier de Nihons , Lieutenant de la compagnie du ſieur de Beliers,au château des Echeles.   Faizant ce denombremant & l'Hymne qui ſuit, je n'ay pas gardé par tout l'ordre des rans & qualitez d'un châcun, n'y de mon affection: j'en laiſſe pluzieurs qui meriteroiét bien d'être icy mis en conte : mais qu'ils accuzent l'oubli, qui me dérobe le moyen de randre ce qui eſt deu à leur vertu : ayant dreſſé ce memoire trante ans apres la bataille , & lorsque me voyant aprocher du tombeau, j'ay deziré laiſſer à mes amis, deſquels il m'êt ſouvenu , & à leurs anfans ou parans , ce petit témoignage de l'honneur & ſervice que je leur ay voüé ,mes debiles forces ne pouvant aller plus avant.

Fait à Grenoble ce XII.d'Aout M. DCXXII.

LA IOVRNEE DE

SALBERTRAND, GAI-
GNEE LE VII. IVIN MDXCIII.
PAR MONSEIGNEVR LE DVC
D'ESDIGVIERES : *A preʒant Pair*
& Conétable de France.

N l'an mil cinq çans quatre vins &
treze, Charles Emanuel Duc de Savoye, ayant dreſſé une puiſſante Armee an Piémont, vint an perſonne, ſur
le commançemant de May, mettre le ſiege devãt le
Château d'Exilles, aſſis ſur la crête d'un aſſez haut
rocher, dans les Alpes Cotienes, au Baillage de
Brianſon, à deux lieuës de Suze & de l'antree de
Piémont, ſervant de frontiere au Dauphiné contre
l'Italie : de tout tans il y a eu une forte garnizon &
morte paye : & bien qu'autrefois cête fortereſſe parut comme imprenable, neantmoins elle ſe treuve
foible à l'uzage du Canon, pour être commandee
du mont voiſin, qui pand au deſſuz du village du
coté de Septantrion : Elle l'êt bien auſſi de celuy de
Midy, tirant vers Prajala, mais le rocher, qui êt
preſque an precipice dur & pelé, rand le logemant
des jans de guerre & du Canon impoſſible & les

Cc iij

avenuës de mémes, le torrant de la Doire, qui vient
du mont Genevre, paſſant au bas : de ſorte qu'il n'y
a nul moyen de camper, ny l'ataquer par cêt an-
droit. Ce n'êtoit pour lors que des vieilles murail-
les avec une groſſe Tour bátie, à ce qu'on croid,
par les Romains. Cezar an fait mantion an ſes Com-
mantaires, vers le commancemant du premier livre
de la guerre des Gaules, il l'apelle *Océlum*. L'Itinere-
re d'Antonin & les vieilles tables des *Peutingers*,
dient qu'ele s'apele *Arx Martis, forterefſe de Mars*.
Son Alteſſe donc fit avácer au deça du Cháteau, ſur
la montagne, au deſſuz du village d'Exilles, trois
Compagnies de jans de pié, qui ſe logerent & bar-
riquerent dans une chapele de ſaint Colomban,
avec intantion de clorre le paſſage au ſecours, qui
pouvoit venir de ce coté là. Mondit ſeigneur, qui
revenoit de Piémont & étoit à Salbertrand, an étant
averti, y acourut prontemant, fit aſſaillir & forcer
ce logis, & mettre an pieces ces trois Compagnies:
il y perdit le ſieur de Prabaud, tué ſur le cháp d'une
mouſquetade, c'êtoit un brave & valeureux Iantilhomme. Apres il mit dans le Cháteau d'Exilles, le
ſieur de Blacons, Gouverneur de la ville, cháteau
& principauté d'Auranges, vaillant & experimanté
Chevalier, il luy laiſſa, outre la Garnizon ordi-
naire, l'une des Compagnies de ſa Garde, commandee par le ſieur de Chanrambaud. De là il
vint prandre ſon logis à Oux, diſtant de deux
petites lieuës d'Exilles, fit barriquer un Pont ſur
la Doire, apellé par ceux du païs Pont-vantoux,

antre fon logis & Salbertrand : dépeça le fieur de Franc , intandant General des vivres , pour aller à Brianfon prouvoir à la nourriture de l'Armee : ce qu'il executa avec un grand foin & dilijance. S.A. faizit , rompit , ou barriqua tous les pas & paffages par lefquels la place pouvoit être fecouruë, an forte qu'il n'y avoit moyen de l'aprocher qu'avec perte de beaucoup d'hommes , & ancores fans aparance d'an venir à bout. Il y eut trois bateries, l'une fur le village du coté de faint Colomban , l'autre du bas de la part du couchant , & la troiziéme du levant, venant de Suze & Chaumont: cela ne fe fit pas fans perte : car aux aproches & au placemant du canon & logis de l'Armee , les affiegez tirant inceffam- mant, durant cinq ou fix jours, firent un grand meurtre : les batteries êtans dreffees & couvertes, à force de Gabions ramplis de terre , on commança de foudroyer les premiers rampars, au derriere def- quels il y avoit des terre-plains. Il paffa quelques jours avant qu'il y eut apparance de bréche raizon- nable. S.A.s'annuyant de la reziftance , fit donner un furieux affaut le xx. de May , ce fut du coté de Suze , fur une pointe, apellee le Baftion de l'homme armé, & bien que le lieu fut de dificile accés, neant- moins la Place affiegee étant découverte à la báte- rie de la montagne , les affiegez ne pouvoient ve- nir à la défance de la bréche fans être gátez du Ca- non : de maniere que S. A. ayant commandé la pre- miere pointe à Pierre de Bardonanche, Gentilhom- me de Dauphiné , étant lors à fon fervice, Maiftre

de camp, il s'avanfa jufques fur le haut, fuivi de fon
Regimant, & creut de ne trouver grande reziftance, quand tout à coup il fe vit ráverfé, bleffé an trois
androis, & tous les fiens tuez, bleffez, ou repouffez,
comme de méme ceux qui vindrent apres : car l'affaut dura anviron cinc heures. Les affiegez furent
fort incommodez du canon, le Sieur de Cham-
rambaud fut tué, & plufieurs foudars bleffez. Le
landemain la baterie commanfa de tirer & ruiner,
& continua les jours fuivans, an faffon qu'il n'y
avoit plus que la groffe Tour, & la plaçe d'Armes
au deffous, qui tint les affiegez à couvert du canon,
ny moyen dezormais, fans tout perdre, de fe pre-
zanter à la défance des breches, les terreins & retranchemans êtans tous perfez & bouleverfez : &
bien que jufques alors les affiegeans, s'êtant fouvant
prezantez, euffent été gaillardemant repouffez, il
n'y avoit plus moyen de continuer : ce qui porta
ledit Seigneur de Blacons à capituler. La compozition fut fort honorable : car S. A. qui prize la vertu,
même an fes annemis, reconoiffant par tant d'hommes qu'il avoit perduz, & par la longueur du fiege,
la valeur & le courage dudit Sieur, accorda qu'il
fortit, & fe peût retirer an lieu d'affeurance, la vie
& bagues fauves, où bon luy fambleroit, avec tous
les affiegez, portans leurs armes, meche allumee,
Anfeignes deployees, tambour bátant, & tout
leur bagage & equipage, qu'il leur feroit fourni de
chevaux & mulets, pour porter leurs malades, bleffez & hardes : ce qui fut obfervé de bonne foy : ce
fut

fut le fixiéme de Iuin. Mondit Seigneur prevoyant la reddition de la place, bâtit prontemant un Fort à Beaular, diftant d'Exilles anviron deux lieuës, pour ampecher les annemis de courir fur les terres du Roy:Cepandant le landemain fettiéme du mefme mois de Iuin, les fantineles qui étoient à la barricade du Pont, dont nous avons parlé, donnerent avis que l'annemi paroiffoit pres dudit Pont, au delà du Torrant. C'êtoit Dom Rodrigues ou Roderic de Tolede, General des Efpagnols, qui venoit avec trois mil hommes de pié, naturels Efpagnols pour reconnoitre, & peut être an intantion de forfer le logis de Mondit-Seigneur: il avoit avec luy pluzieurs Capitaines fignalez, antre autres Dom Garcias de Mirres maiftre de Camp, Dom Diego de Cordoua, &   De Villeneuve: il laiffa derriere luy le vilage de Salbertrand, & fe vint metre à la veuë du Pont, marchant an tres bel ordre : A cête alarme Mondit-Seigneur fait donner avis par tous les cartiers, & an meme tans s'avance, avec ceux qu étoient aupres de luy : paffe le Pont, à la faveur duquel il fit ataquer l'écarmouche, atandant que fes jans fuffent arrivez, fon cheval fut tué deffous luy:ce bataillon Efpagnol faizoit bonne mine, nul ne rôpoit fon rang, que par l'ordre du General: comme le Sieur d'Oriac Colonel de l'Infanterie de nôtre Armee fut arrivé avec fes troupes, que la Compagnie d'hommes d'Armes de Mondit Seigneur, conduite par le fieur d'Hercules, celle des fieurs de Mures, de la Buiffe, de faint Vinçant, &

autres furent jointes, que tout eut paffé le Pont,
lors Roderic affailly à fa main droite par l'Infanterie, & à fa main gauche par trois efcadrons de Cavalerie, fe fuivant l'un l'autre, & à çant pas pres, le
fieur de la Buiffe alant le premier à la charge, Rodé-
ric di-je, fe voyant bien fort preffé, commanfa de
branler, propozant de fe retirer dans le Bourg de
Salbertrand, mais bien tard, il êtoit trop avant an-
gajê, & trop vivemant attaqué: fon Infanterie com-
batoit & faizoit tout ce que peuvent faire des jans
de bien, mais les nôtres, fe jetans & mélans parmi
les fiens, à la fin le dezordre commanfa, ce ne fut
plus une retraite, ce fut propremant une fuite dedans, dehors, deçà delà le vilage tout fut pris, tué
ou noyé dãs la Doire, laquelle, toute mélee de fang,
porta les marques & la nouvelle de cête defaite au
Camp du Duc de Savoye & à Turin. Il y eut dix-
huit Anfeignes prizes, grande quantité d'armes &
de dépouilles, & fort peu de prizonniers, antre lefquels fe treuva Dom Garcias de Mirres, Dom Vin-
centio Toraldo, Dom Diego de Cordoua, & Dom
De Villeneuve : ce dernier, voyant les
grans faits d'armes du fieur de la Buiffe, s'an vint fe
randre à luy. Le brave Roderic de Tolede ne voulut plus vivre, & quoy qu'on luy prezantat la vie, il
ne fe voulut point randre, ains fe jeta dans les épees,
& combatit jufques aux derniers foupirs. Tous les
nôtres firent merveilles, & que n'auroient ils fait,
êtans conduis & commandez par ce grand Marechal, avec un fi bel ordre, & luy toujours dans le

peril avec tant de valeur & d'affeurãce? Parmi ceux
des fiens qui fe fignalerent le plus , on y veit Etienne de Bonne , Seigneur d'Oriac, Comte de Talard,
Colonel de l'Infanterie an cête Armee, qui a fi bien
fervi fes Rois an tant de beles occafions , & an tant
de grandes charges,qui exerçe à prezant, que j'écry
cecy , la charge & conduite de l'Armee Royale an
Poictou , comme ancien Maréchal de Camp aux
Armees de fa Majefté : Humbert de Borrelon Seigneur de Mures , Baron d'Auberive , qui an nos
guerres civiles & an Flandres fous François de Valois Frere du Roy Hanry III. s'êt acquis vne glorieuze reputation : Hector de Forefts de Mirebel Seigneur de Blacons dont nous avons dejà parlé:Louïs
de Galles Seigneur de la Buiffe, qui s'êt veu & treuvé à la tête de tant de rancontres, tantot Maitre de
Camp de jans de pié, tantot Capitaine de jans de
Cheval, qui fut Gouverneur de Chambery,& avãt
que mourir Maréchal de camp aux Armees de fa
Maiefté : Charles de la Tour à prezant Seigneur de
Gouvernet Baron d'Aix & d'Auberive, Marquis de
Senevieres , Gouverneur pour fa Majefté de la Ville
de Die , & Senéchal de Valantinois & Diois, alors
Maiftre de camp d'un Regimant de jans de pié, digne fis d'un digne pere:Iean de Bonne Baron de Vi-
troles, Gouverneur pour fa Majefté de la Ville &
citadele d'Ambrun,Frere du fieur de Prabaud:Fran-
çois de Philibert de Charance fieur de Montalquier
Capitaine des Gardes de Mõdit Seigneur,qui a toujours fi bien fait par tout où il s'êt treuvé : René de

Bofquet, fieur de De S.Vinfant, brave Iantilhomme
Provanfal, Capitaine d'une compagnie de chevaux
legers : Iaques Pape Seigneur de S.Auban & d'Alan,
qui durant les guerres civiles a fait des merveilles,
au fiege de Menerbe;il êt deffandu de ce tant renommé perfonnage Meffire Gui Pape, jadis l'ornemant
du Parlemant de Grenoble:Pierre de Teis, Seigneur
d'Hercules,Lieutenant de la Compagnie d'hommes
d'Armes de Monfeigneur le Marefchal : Cezar de
Seve Lyonnois , Marechal de logis de l'Armee,
vaillant & fage ; & pluzieurs autres dont la memoire m'êt échapee. Ie fis l'Hymne fuivant an
meme tans , pour honorer les geftes de ce grād Capitaine,auquel ie ne voy pas que les Hiftoriens de ce
fiecle rādent la gloire qui êt deuë à fes merites:ayāt
forcé tāt de Villes,livré & gaigné des Iournees,bátu
les annemis du Roy an tant d'ocazions, fait trābler
autrefois le Piémont,& n'a gueres couru à main armee la Lombardie,bátu à cous de canon,& pris des
places à la veuë d'une puiffante Armee Efpagnole,
ayant dōné de fi bons & genereux confeils au Roy,
toujours conftant , ferme & fidele au fervice de fa
Majefté,n'épargnant ny fa peine,ny fes biens,ny fes
ans,pour faire voir à tous les Frāçois qu'un bon fujet
doit tout à fon Prince fouverain. Ie croy que fi ma
plume êtoit capable de décrire fa vie,an luy randant
partie de ce que ie luy doy, j'obligeroy bien la pofterité,qui verroit,cōme dans un tableau,mille belles
& vertueuzes actions de ce Seigneur,que j'ay dit an
quelque autre part être le plus fage & prudent de
tous les Mortels de fon tans.

SVPPLEMANT A LHISTOIRE
DV CHEVALIER BAYARD.

IERRE Terrail fieur de Bayard, qui s'âquit le títre de *Chevalier fans peur & fans reproche*, a rancontré ce bonheur, que fes geftes, décris par le *Loyal ferviteur*, qui ne s'êt point voulu nommer autremant, furent imprimez en l'an MDXXVII. deux ou trois ans apres fa mort. Mais ce livre êtoit comme perdu, s'il n'eut êté remis au jour, par le foin & dilijance du fieur Theodore Godefroy, auquel le Public an demeure bien fort obligé : Ce n'êt pas que fon nom ne fut affez côneu par les Hiftoires, mais pluzieurs de fes actions fignalees s'an aloient anfevelies, fi ce volume fe fut perdu. Celuy de Simphorien Champier, bien qu'il contienne fix livres de la vie de ce preux chevalier, n'êt affez amplemant êtandu, y ayant

tant de digreſſions inutiles, qu'elles annuyent le
Lecteur,& à le bien prandre, c'êt plûtot un Roman
qu'une Hiſtoire naïve: d'ailleurs il a ignoré beaucoup de belles çhozes, dignes d'être remarquees:
auſſi, dit-il au III. livre chap. VII. de la vie du chevalier. *I'ay delaiſſé pluźieurs notables geſtes d'iceluy,
pource que ie n'ay eu conoiſſance d'icelles,delaiſſant aux
autres, qui viendront apres moi,matiere de parfaire ce
dequoy n'avons eu conoiſſance.* Le Loyal ſerviteur
mémes an a laiſſé an arriere, que le Lecteur, peut
être,ſera bien aize de ſavoir, cóme le nom des
ayeux & predeceſſeurs du çhevalier,qui ſont ceux
leſquels ſont deſſanduz, & qui reſtent de cete illuſtre famille, anſamble d'aprandre quelques parti-
cularitez,qui ne ſe treuvent an ſon Hiſtoire.

I'ay donc fait une aſſez exacte reçherçhe des anciens documans de cete Maizon, & des autres qui
an pouvoient avoir, anſamble des lettres & memoi-
res qui s'y ſont treuvez.I'ay veu ce qu'an dit Aimar
de Rival, Conſeiller au Parlemant de Grenoble, an
ſon Hiſtoire des Allobroges,écrite à la main : il êtoit
contamporain du chevalier, & à ſouvant parlé avec
luy : I'ay recuilly ce que j'ay peu rancontrer parmi
ceux, qui ont fait mantion de luy,an leurs écris,non
comprins an l'Hiſtoire du *Loyal ſerviteur* & de
Champier.

La Maizon de Terrail êt tres-anciĕne an Daufiné:
ſa premiere tyge,dont on ait cónoiſſance, êt Grignon,an la terre d'Avalon,Valee de Grezivodan. La
pluſpar des ancêtres du chevalier, qui ne ſont mors

A a a ij

aux guerres lointaines , font anterrez an la grand
Eglize au devant du grand Autel : les Maizons de
Bayard & Bernin y furent depuis ajoutees.

Pour treuver fes predeceffeurs, on n'a peu remonter plus avant dans l'antiquité, ny rácontrer aucune certitude, que jufques à fon cinquiéme ayeul.
On tient qu'ils font venuz d'Allemagne, du Tans
que les Ampereurs poffedoient le Daufiné. Ie treuve
que ce cinquiéme ayeul s'apeloit Aubert Terrail, qui
fut cóneu & amployé aux guerres de Guigues V.
Daufin de Viennois, lequel il fuivit contre Edouart
Comte de Savoye, & fe trouva avec fon fis Robert
Terrail , à la bataille de Varey , où ils combatirent
tous deux brauemant : Mais Aubert y fut tellemant
bleffé, qu'êtát porté an fa Maizon, il y mourut, deux
jours apres fon arrivee, laiffant Robert & Marguerite, fes anfans, qu'il avoit euz de Ianne de Theis.

Robert fuivit le méme Daufin, qui le fit gouverneur du Fort de la Buiffiere, oppozé à la Savoye: fe
trouva au fiege de la Perriere : ç'étoit un château
affis an la Paroiffe de S. Gilin de Ras , diftant d'une
petite lieuë de Voiron , fur la veuë du grand chemin , qui va de Vorepe à S. Laurans du Pont, à quatre bonnes lieuës de Grenoble. Guigues voulant re-
cónoître la Plaçe, reçeut un coup de garrot fous laif-
felle gauche, il fe pança & apuya fur Guigues Alemand, fis d'Aimé , fieur de Vaubonez, qui l'acom-
pagnoit , avec le Baron de Clermont : s'an revint à
cheval dans fa Tante, où il expira foudain, qu'on
luy eut tiré le trait hors du cors : il mourut le XXV.

d'Aout M. CCCXXXIII. c'étoit un jantil Prince.
La Nobleſſe qui le ſuivoit, fut tellemant irritee de
ce mal'heur, que le landemain ele donna un furieux aſſaut contre les aſſiegez, qui furent ampor-
tez & tous tuez, ſans qu'il s'an ſaùvat un ſeul : le
Fort & le Bourg furent razez, rez terre, an ſorte
qu'il n'y reſte plus aucune marque, fors quelques
mazures, cachees ſous les buiſſons & ronces, & un
pan de mur d'un côté, avec une pierre d'Autel, au
lieu ou étoit l'Eglize du Bourg, qu'on nommoit
S. Marcelin : Cête pierre êt au milieu d'un champ,
qui m'apartient, appelé le champ du Vas, où les
Peuples & Paroiſſiens des anvirons vont ſouvant
an Proceſſion, principalemãt au mois de Iuin, Iuillet,
& Aout, pour avoir de la pluye, ou la faire ceſſer:
Ils dient qu'an baiſſant la pierre, avec les ceri-
monies & prieres, que font les Prêtres, la pluye
ceſſe, ou quand ils y vont pour an avoir, ils la
hauſſent & la pluye incontinant arrive. On a
obſervé que, quoy que le Prêtre & ceux qui af-
ſiſtent à la cerimonie, foulent le blé an paſſant, &
autour de la pierre, neantmoins le ble ſe releve &
n'an reçoit aucun dommage : (Il y avoit à Róme
hors la porte Capene, à coté du Tample de Mars,
une pierre de pareille vertu, ele s'apeloit *Lapis Ma-*
nalis, ſive Pluvialis.) Robert Terráil fit vaillammant à cet aſſaut, & fut continué an ſes charges par
Humbert Daufin, frere de Guigues : fit ápremant la
guerre pour ſon Prince contre Amé V. Comte de
Savoye, & fut tué an l'an M. CCCXXXVII. à un

A a a iij

combat qui fe fit aupres de Marçhes, antre les Daufinois & Savoiziens. Il eut d'Alix de Morard, fa fame, un fis unique apelé Philippes.

Philippes Terrail fuivit de mémes Humbert Daufin, jufques au Tans que le païs de Daufiné fut donné & tranfporté par ledit Humbert au Roy Philippes de Valois: Des lors ledit Philippes fervit le Roy,
& fe trouva aux guerres contre les Flamans & Anglois, & an fin mourut à la bataille de Poictiers, fer-
vant le Roy Iean, l'an M.CCCLVI. laiffa Iean &
Pierre fes anfans qu'il eut d'Alouize Caffard.

Iean náquit poftume cinq mois apres la mort de
fon pere, il ne fe maria point, fuivit e train des Armes, & mourut à la bataille de Vernueil le XVII.
d'Aout M.CCCCXXIIII. De huit çàs Iantishómes, qui
moururét ce jour là pour le Roy, il y an eut trois çàs
de Daufiné. Les trois Etas du Païs leur fonderent
un anniverfaire an l'Eglize des Iacopins à Grenoble,
où ils furent peins tous armez, avec léurs Armoi-
ries, & de mémes an l'Eglize de l'Abbayïe S. Antoine, ainfi que raportent Thómaffin & Rivail. Les
guerres civiles ont effaffé tout cela.

Pierre I. náquit un an devant la mort de fon pere,
fuivit pareillemant les guerres, fe trouva à la Iour-
née de Rozebeque, où il fervit trefbien l'an
M.CCCLXXXII. Au denombremant & revizion
plus ancienne des feux de Daufiné, faite l'an
M.CCCLXXXIII. il ét fait mantion de Pierre
Terrail, parmy les Iantishómes de la Paroiffe de
Grignon, mandemant d'Avalon, il mourut à la ba-

taille d'Azincour, l'an M.CCCCXV. âgé de LX.
ans, laiffa quatre anfans Pierre II. Iaques, Antoine,
& Tibaud.

Tibaud fis de Pierre fut d'Eglize.

Antoine fut Abbé d'Ainay à Lyon, fonda une
chapelle an l'Eglize de S. Martin d'Ainay, fous le vo-
cable de S. Sebaftien : Il mourut l'an M.CCCCLVII.
& fut anfevely an ladite chapelle, & Yves Terrail,
fieur de Bernin, auffi. A Antoine fucceda an l'Abayïe,
par refignation, Theodore Terrail, frere dudit Yves,
comme nous dirons cy apres.

Pierre II. & Iaques fon frere firent deux branches,
Pierre, qui eut an fa part la terre & Maizon de Bayard, fuivit les guerres contre les Flamans & Anglois, fe trouva à la defaite & prize d'Imbert de To-
lonjon, Maréchal de Bourgoigne, &, tout jeune qu'il
êtoit, fut cauze de cête prize, avec Humbert de
Grolee, Comte de Virivile, comme on void an la
chambre des Contes de Grenoble, où il fe treuve
auffi que tous deux êurent de groffes recompanfes
du Roy Charles VII. & pour celà fut la Terre de
château-vilain an Daufiné angagee audit Hûbert
de Grolee, l'an M.CCCCXXIII. le même Pierre
Terrail, êtant avec ledit de Grolee Maréchal de l'Armee du Roy, fe trouva auffi à la journee d'Anton,
où Raoul de Gaucour, gouverneur de Daufiné, vainquit & defit, an bataille rangee, Louïs de Chalon,
Prince d'Aurange, qui panfoit anvahir le païs, avec
une groffe Armee, compozee de Savoiziens &
Bourguignons : Ce fut le Dimâche onziéme de Iuin,

jour de la Fefte de la Trinité, & de S. Barnabé,
l'an M.CCCCXXX. Là parut la valeur de la Nobleffe
de Daufiné, car avec la moitié moins de jans, le
Prince d'Aurange fut antieremant vaincu, toutes
fes jans tuez, pris, ou noyez : Luy tellemant preffé,
que pour fe fauver il fut contraint de fe hazarder dãs
le Rône, à cheval, Armé de toutes pieces, & le paffa
à la nage. Pierre Terrail, fe fignala grandemant ce
jour là. Durant que Louïs Daufin, qui fut depuis
le Roy Louïs XI. fut an Daufiné, il fe tint du côté
du Prezidant Baile, & de ceux de la Nobleffe, qui,
fuivant l'ordre du Roy Charles VII. s'opozoient aux
deffeins du Daufin : Ce qui fut cauze qu'an ce
Tans là il fe contint an fa Maizon : finon lors que le
Daufin fit la guerre an Savoye, car il fe trouva à la
prize de Montluël, & de S. Genis d'Aoufte. Ce fut
une petite guerre, qui ne dura que trois mois.

Dépuis le Roy Charles VII. étant decedé, le Roy
Louïs XI. voyant venir fondre fur luy, les forces de
la Ligue & guerre du bien public, convoqua fa Nobleffe de Daufiné, an laquelle il fe confioit grandemant, pour la cônoiffance qu'il avoit de fa valeur.
Pierre Terrail II. s'y an alla, & fut tué côbatant vail-
lãmant à la bataille de Môtlery, l'an M.CCCCLXV.
il laiffa quatre anfans de Marie de Bocfozel, fille
de Gafpar, favoir Aimon, Iean II. Antoinete, &
Marguerite.

Iean II. fut Religieux, & Prieur du Prieuré de S.
Trivier an Dombes.

Antoinete

Antoinete fut mariee à Louïs de Beaumont, sieur de la Tour.

On tient que Marguerite fut Religieuze.

Aimon, ou Aimé Terrail suivit pareillemant les guerres, & an fin fut estropié d'un bras, à la Iournee de Guinegate, avec trois autres blessures, qui le ranvoyerent an sa Maizon : Il eut huit anfans, quatre mâles & autant de filles, d'Heleine Alemand, yssuë de la branche des Alemans de Laval, tant renommez an Daufiné: Ele étoit fille de Hanry sieur de Laval, & sœur de Charles, qui mourut à Novarre, & de ce grãd Prelat, Laurans Alemand, Évéque de Grenoble, & Abé de S. Sorlin à Thoulouze, qui a laissé tant de celebres témoignages de son savoir, de sa prudance, & de son courage, & a fondé les Minimes lez Grenoble, & les Roquets à Thoulouze. Les mâles furent Pierre III. George, Philippes, & Iaques : Les filles furent Marie, Claude, Caterine & Ianne.

Pierre III. sieur de Bayard, *Chevalier sans peur & sans reproche*, naquit au château de Bayard, sur la fin de l'an MCCCLXIX. fut heritier d'Aimon, par testamãt de l'an MCCCXCVI. Helene Alemand survécut VIII. ans à Aimon son mary : Ele mourut l'an MDIII. ses anfans luy ayant toujours porté un tres-grand hóneur & obeïssance. Le chevalier ne fut point marié: mais il eut une fille naturele, d'une bele Damoisele, de la Maizon de Trecque, à Cantú, antre Milan & Cóme : il fit soigneuzemant nourrir & elever céte fille, qui s'apeloit Ianne, & l'aima autant que si ele eut été legitime. Vn an apres la mort du pere ele fut

B b b

mariee à François de Bocſozel, ſieur de Chatellar,
par ſes trois oncles, avec une auſſi ample & groſſe
dote, que ſi ele eut été legitime:ele ne fut jamais qua-
lifiee naturele, ains puremant fille du Chevalier, lors
qu'ele ſe maria, & dépuis an tous les contrats paſſez
avec ſes oncles, ils l'apelloient leur nieſſe, fille dudit
Pierre, & l'ont toujours grandemant honoree:ele a ſi
bien vécu qu'on l'eſtimoit digne fille d'un ſi digne
pere. De François de Bocſozel, & de Ianne Terrail,
ſont ſortis de fort braves Iantishómes, dont il y an a
deux vivans à prezant, Pierre & Claude : Tous deux
ſages, & vaillans, qui ſe ſont ſignalez par les Armes,
an de belles çharges, pleins d'hóneur & de vertu, qui
ne demantent point le ſang dont ils ſont yſſuz.

George ſucceda au Chevalier ſon frere, tát par ſon
teſtamant, que par les diſpozitions de leurs ayeux, il
recuillit plus d'hóncur que de biens:Car le çhevalier
n'acreut de rien ſon ancien patrimoine, quoy qu'il
eut an ſes jours poſſedé de grandes çharges, tát deçà
que delà les Mons:qu'il eut eu de tres-heureux avan-
tages à la guerre, & qu'il eut été aſſez longuemant
Lieutenant general pour le Roy au Goůvernemát de
Daufiné : Auſſi dizoit-il ſouvant ce commun pro-
verbe.*Ce que le gantelet amaſſe le gorgerin le dépant.*

George mourut l'an MDXXXV. laiſſant une fille
unique, apelee Françoize, qu'il eut de Ianne d'Ar-
vilars ſa fame.

Philippes fut Evéque de Glandevez.

Iaques fut Abbé de Iozaphat, aux Fauxbours de
Chartres, & apres la mort de Philippes fut Evéque de

Glandevez, mourut à Chartres le xv. May MDXXXV.

Françoize, étât demeuree an la tutele de sa mere, fût mariee à Charles Copier, sieur de Poizieu. La mere avoit épouzé an secondes nosses Antoine Copier, pere dudit Charles, duquel ele eut d'autres anfans. Françoize Terrail mourut sans anfans, laissant sa mere heritiere an tous ses biens : Ele vandit, avant que mourir, la Terre & Maizon de Bayard au sieur d'Avanson, l'an M.DLX. à prezant tenuë par le sieur Marquis de Gordes, petit fis dudit sieur d'Avanson, de par sa mere.

Quant aux filles d'Aimon, Marie fut mariee à Iaques sieur du Pont, an Savoye, dôt sortit Pierre du Pont, qui suivit le chevalier aux guerres d'Italie, & portoit son Anseigne. Le Roy luy donna un Office d'Écuyer de sa Maizon, mais il ne le garda gueres, car il fut tué neuf mois apres à la bataille de Pavie. Chámpier loue grandemant ce Pierre du Pont, & an fait un second Bayard : Ce que le sieur Godefroy a remarqué an ses aditions à l'Histoire de Bayard. La race du Pont êt tombee an quenouille.

Claude fut mariee à Antoine de Theis, sieur de la Bayete : Pierre de Theis sieur d'Hercules, dont il êt parlé aux Histoires, an êt dessandu.

Catherine fut Religieuze au Monastere de Pramol, au dessuz de Vaunaveis & Vizile, à deux grandes lieuës & demy de Grenoble.

Ianne fut Religieuze an l'Abbayïe des Hayes, distant trois bonnes lieuës de Grenoble.

Ainsi voila la branche de Pierre II. defaillie.

Iaques I. fis de Pierre premier, fit l'autre branche de Terrail, & eut les Terres de Bernin & de Grignon an partage, eut deux anfans, Pierre IIII. & Guigues.

Nous ne trouvons rien de Guigues.

Pierre IIII. laiſſa deux anfans Yves, & Theodore.

Theodore, par la rezignation d'Antoine Terrail ſon oncle, fut Abbé d'Ainay à Lion, tint l'Abayïe, apres luy, quaráte huit ans, y fut anterré l'an MDV. ſa ſepulture êt au milieu de la Nef de l'Eglize, où ſa figure êt gravee tout de ſon lõg, an une grád pierre, avec ſes paremans d'Abbé, & les Armes de Terrail. Cet Epitafe ſe lit autour de la pierre. *Theodorus natione Allobrogic. patria Gratianop. gentibus Terrallinis, loci hujus ſummus antiſtes, hìc ſitus eſt. Præfuit ann. IIL. menſ. IIII. dieb. IIXX. deceßit anno ſalutis M.DV. prid. non. Maÿ. ætatis verò ſuæ LXXIII. vivat Deo.*

Avant les troubles de l'an M.DLXII, la porte du Chœur êtoit an cet androit-là, & a l'un des côtez la Chapelle de S. Sebaſtian, fondee par Antoine ſûdit, qui y repoze.

De ce bon Abbé Theodore il êt parlé an l'Hiſtoire du chevalier, faite par le *Loyal ſerviteur*, & remize au jour par le ſieur Godefroy, chap. VI. & VII.

Ces deux Abbez ont fait de grans biens à l'Eglize & Abbayïe, & de grandes reparations & ambelliſſemans. Le Tans & les premiers Troubles an ont effaſſé pluzieurs marques: on void ancore les Armes de Terrail ſur le grand Portal de la premiere antree d'Ainay.

Yves Terrail eut trois fámes: La premiere fút
Ales ou Alix d'Autun , de laquelle il eut Madeleine
qui fut mariee au fieur de Varey : La deuziéme
Louize de Gignot , fille de Meffire Iean de Gignot,
chevalier, de laquelle il eut deux filles , Catherine
mariee à   de Salvain, fieur de Boiffieu, & Mar-
guerite mariee à   de Beaumont fieur de S.
Quentin. La troiziéme fame, fut Claude Revoire, de
la Maizon de Romagnieu, de laquele il eut Gafpar
Terrail : il fit ledit Gafpar fon heritier, & mourut à
Lyon , an l'Abaye d'Ainay , & y fut anfevely , l'an
M. CCCCXCVII. an la chapelle S. Sebaftian, aupres
d'Antoine Abbé , fon oncle. Iaques, Pierre IIII. &
Yves furent tres vaillans, ainfi que dit Champier.

Gafpard Terrail , fieur de Bernin , fuivit le chevalier Bayard , fon couzin, aux guerres de France &
d'Italie , fe trouva an toutes les occazions, fút prizonnier à la bataille de Pavie , & an fin apres avoir
recuilli partie des biens de la Maizon de Terrail,
par le decez , fans anfans máles, du chevalier & de
George , fes couzins , il fe retira an fa Maizon de
Grignon , chargé d'ans, de bleffures, & d'hóneurs;
fut fort eftimé , aimé , & honoré des grans & petis.
Il épouza Charlote de Boffevin, Dame de Pignan,
de laquelle il eut François Terrail , il mourut l'an
M.DL.

François Terrail fieur de Bernin épouza Anne de
S. Felix, Dame de Sauffan , il fervit lon-tans le Roy
aux guerres de Piémont , Capitaine d'une compagnie de chevaux legers , fous Mr le Maréchal de

Briſſac : fut tué à la Iournee de S. Barthelemy, par la méchâceté d'un ſien allié, côtre lequel il avoir procez au Parlemant de Paris : Il laiſſa David ſon fis & deux filles, Marie & Daufine, Marie fut mariee au ſieur de Frize, & Daufine au ſieur de Merargues, de Láguedoc.

David Terrail Sʳ de Bernin, Maître de câp d'ū Regimât de jás de pié, ſage & valeureux chevalier, fut tué d'une mouſquetade, le XXII. NOVÈBRE MDLXCII. au ſiege de Cahours an Piémôt, lors que Frâçois de Bonne, Duc d'Eſdiguieres, dépuis Maréchal, & apres Conétable de Frâçe, y porta les Armes du Roy, pour divertir celles de Charles Emanuel Duc de Savoyé, qui s'étoit jeté an Provâce. Il eut deus fis de Damoiſelle Clemance de Ponnat, François & Thomas, leſquels il laiſſa preſqu'au berçeau, an la tutele de leur mere.

François II. ſieur de Sauſſan ſe retira aupres de ſa grád mere, Anne de S. Felix, an Láguedoc : Ele l'a laiſſé ſon heritier, avec les Terres de Sauſſan, & de Pignan.

Thomas, ſieur de Bernin, êt demeuré an la Maizon de Grignô, à ſuivi les guerres an Piémôt, & au Milanois, ayât charge parmy les jans de pié, & les dernieres de l'an MDCXXI. & XXII. il a recuilly tous les biens anciens de la Maizon paternelle, & porte à prezant le nom de ſieur de Bernin.

Ainſi cete raçe, ſi fertile an grás guerriers, êt reduite à ces deux freres, qui ne degenerent point de leurs ancêtres, & nul autre qu'eux ne reſte du nom & Armes de Terrail, dont tant de glorieux chevaliers ſont yſſuz, la pluſpart deſquels ont honorablemant répandu leur ſang, & fini leurs jours dans les armes, pour le ſervice de leurs Rois.

Ils portent d'azur, au chef d'arjant, chargé d'un Lion naiſſant de gueules, à la cotiſſe d'or, broçhant ſur le tout.

Or venant au bon Chevalier:Ie me ſuis émerveillé commant tous les Hiſtoriens, qui ont parlé de luy, n'ont rien dit du memorable duël & combat d'antre luy & Hiancinthe *Simoneta* Chevalier Milanois, in-ſolant & pléin d'orgueuil. Le Chevalier Bayard le vainquit,& tua an Camp clos,durant les guerres qui ſe firent an Lombardie,contre Ludovic Sforce,Duc de Milan:Aimar du Rival raconte ce combat an ſon Hiſtoire, & le Iuriſconſulte Alciat, qui étoit Mila-nois,& de ce ᴛans là,an fait mãtion au xxxviii. cha-pitre du livre, qu'il a fait.*De ſingulari certamine, du Cõbat ſingulier,ou des Duëls*.Et ajoute que le malheur dudit *Simoneta*,fut un manifeſte prezage de l'infor-tune & calamité,qui avint bien tót apres à Ludovic, & à la Maizon de Sforce. Hiacinte étoit yſſu d'une illuſtre famille à Milan,où il y a eu de grans perſon-nages,antre autres,Iean & Cecco.Ian fut fort ſavant, & fit la vie de François Sforce Duc de Milan:Cecco fut bien ſage, mais malheureux : il mourut an pri-zon,acablé par ſes annemis & anvieus.

Le Roy an ce voyage,paſſant à Grenoble,prit,pour ſon Conſeil de Iuſtice,Iean Palmier Prezidant, An-toine Putod,Iean Fleard, & Iean Rabot, Conſeil-lers au Parlemant dudit Grenoble. Fleard fut Chan-celier du Royaume de Naples & Sicile, par lettres du xx.de May mccccxcv.mourut an Italie de ma-

ladie au Bourg de *Revera*, pres de Mantouë, le XXIX.
Octobre MCCCCXCVI. ç'étoit un savant personnage,
sage & acompagné de grande preudhomie : les autres s'an revindrent mal equipez.

Il y avoit an ce Tans là auprès du Roy pleuzieurs
Seigneurs & Iantishómes de Daufiné, mémes Iaques
de Miolans, Baron d'Anjou, & de Serve, Chevalier de
l'Ordre, grand Chambellan, Gouverneur de Daufiné, & Capitaine de çant Iantishómes de la Maizon
de sa Majesté : Philibert de Clermót, sieur de Montezon, Chevalier fort renómé, pour avoir fait des merveilles an Picardie, Capitaine de cinquante Lançes,
& dépuis an Italie, mémes étant Lieutenant general
pour le Roy, an l'Armee de sa Majesté à Ferrare, où
il mourut, comme nous dirons cy apres. Ces deux
Seigneurs menoient avec eux grand nombre de No-
blesse de Viennois & Valantinois. Outre ceux là,
étoient le brave Chevalier Bayard : Soffrey Alemand, sieur du Molar, de la Maizon d'Vriage,
grand & experimanté Capitaine, qui avoit sous luy
deux mille hómes de Pié : Iean de Lay, sieur de Cha-
tellard : Pierre de Vesc : Aubert Rosset, qui fut Capitaine de cinquante hómes d'Armes, & de çant chevaux legers, sous Louïs XII. Il prit dépuis la charge
de Lieutenant de la Compagnie d'hómes d'Armes
de Cezar Borgia, Comte de Valantinois, & mourut
à Róme de maladie : Bernardin de Clermont, Ví-
comte de Talard : Charles Alemand, sieur de Laval,
oncle du Chevalier : Barrachin Alemand, sieur de
Rochechinard. : Sibuet de Poizieu, petit fis d'Aimar
de Poizieu,

de Poizieu, dit Capdorat, de la Maizon du Paſſage, dont il êt tãt parlé an l'Hiſtoire du Roy Charles VII. Pierre de Saſſenage : Iean de Galles, ſieur du Métral de Voiron : Claude Alemand : Claude d'Vrre : Gaſpar Ademar : François Champier : & tant d'autres qui firent des merveilles à la bataille de Fornouë : Il s'y trouva un Iaques de Cize de Chambaran, Iãtilhóme, âgé de XIX. ans, de la Garde du corps, qui êtoit grãd cóme un Gean : Tous ceux de cete raçe tant máles que femeles, étoient de pareille ſtature : Il n'y à pas ſoixante dix ans qu'elle êt defaillie. Apres cete bataille de Fornouë, Bayard fut fort careſſé du Roy, qui luy donna la recompanſe, dont il êt parlé an ſon Hiſtoire.

Du Regne de Charles VIII. avant qu'il paſſat an Italie, Zizim, ou Zizimi, ou, cóme l'apelle Paul Iove, Gémes, frere de Bajazet II. Ampereur des Turcs, s'êtant ſauvé & jeté dans Rhodes, fut amené an France, & remis antre les mains de Barraçhin Alemand, ſieur de Roçheçhinard, neveu de Charles Alemand, çhevalier de Malte, grand Prieur de Provance, autremant de S. Giles, qui le garda & traita longuemant an ſon Château : dépuis il fut remis au Pape Innoçãt VIII. le ſieur du Rival écrit que, durãt qu'il fut an Daufiné, il s'alloit ſouvant proumener à la Bátie, Maizon du Baron de Saſſenage, voizine de Roçheçhinard, & qu'il devint tellemant épris des mœurs & de la beauté de la fille du Baron, apellee Philippe, que, s'il fut demeuré an ce païs, il êtoit rezolu de ſe randre Chrétien & l'épouzer.

Du méme regne, Louïs Duc d'Orleãs (dépuis Roy de France) étant assiegé dans Novarre par Ludovic Sforse, pluzieurs Seigneurs de Daufiné y servirent vaillammant, aucuns y moururent, antre autres, Charles Alemand, sieur de Laval, frere d'Helene, mere du chevalier: Pierre de Sassenage, & Barrachin Alemand, sieur de Rochechinart.

Du Regne du Roy Louïs XII. la plus grãd part des Plaçes de frontiere du Royaume de France êtoient gardees par des Iantishómes Daufinois: Humbert de Baternay, Comte du Bouchage, êtoit Gouverneur du Mont S. Michel, oppozé à l'Angleterre: Pierre de Sallignon, de Bayonne, aupres des Pirenees, contre l'Espagne: Claude d'Vrre de la Buissiere, pres de la Savoye: Gabriel de Beranger de Brigançon, sur la Mer de Provãce: Aimar de Poitiers, Comte de S. Valier, de Nôtre Dame de la Garde & Tour S. Iean à Marseille: Iean de Gales, fis de Iean, d'Exilles, du côté d'Italie: Et Antoine de Gotafrey d'Aussonne, contre la Franche-Comté de Bourgoigne. Ce sage & vaillant Gotafrey ne voulut jamais randre la plaçe à l'Ampereur Charles V. quand le Roy François fut prizonnier an Espagne, quoy que par le traité il eut été convenu & acordé quelle luy seroit remize: Il ranvoya les Commissaires, dizant que s'il ne voyoit l'ordre & commandemant du Roy Louïs XII. qui luy avoit baillé cete Plaçe an garde, il ne la randroit point, qu'il le vouloit voir bien signé & seellé par le Roy son Maître, de qui il la tenoit, & luy avoit defandu d'an sortir sans son expres com-

mandemant. Il fit tant de refuz, que l'Ampereur
s'an dezifta, & demeura la Plaçe à la Françe.

Gafton de Foix, Duc de Nemours, êtoit Gouverneur de Daufiné, & Soffrey Alemand, fieur du Molar Lieutenant general. Ce fieur du Molar a randu
de grâs fervices : Ce fut luy qui, fous Charles d'Am-
boize, general de l'Armee du Roy an Italie, prit la
ville de Bologne, fur les Bentivoles, laquelle fa
Majefté remit au Pape. Hector de Monteinard êtoit
Gouverneur de la ville d'Aft an Piémont, il fut affaffiné à Milan, par le jeune Marquis de Ceve, de qui
le Roy avoit confifqué les biens, pour des enormes
crimes, & donné la confifcation à Montainard.

An l'an MDVII. à la prize de Genes, le çhevalier
Bayart êtant l'auteur & l'executeur de la prize
du Fort des Genevois, qui êtoit fur la Montagne,
fut affifté & fuivi par le fieur du Molar, qui s'y porta à la tête de fon Regimant : Les Suiffes, ne voulant fuivre, le fieur de Montezon mit pié à terre, &
côme il êtoit perfónage de grand nom & reputation,
les perfuada d'aler & monta avec eux, pour foutenir
Bayart, qui defit les annemis & amporta le Fort,
dont s'anfuivit la prize de la ville de Genes. Le Roy,
avant que d'antrer dans la ville, y fit antrer le fieur
du Molar, avec fes troupes, pour dezarmer les habitans, & s'affeurer de la Plaçe & du Port.

Guillaume de Poitiers baron de Clerieu, ayant
êté nourry dés jeuneffe aupres du Roy, avoit
grand part an fes bonnes graçes : Sa Majefté
l'apelloit fon Compagnon. Il fut Gouverneur

de Paris, & de l'Ile de Françe, fit pluzieurs Ambaſ-
fades importantes à Rome, à Naples, an Eſpagne, &
Angleterre : êtant mort, Aimar de Poitiers, ſon frere,
luy ſucceda an ſes çharges & biens : A Aimar Iean
ſon fis.

An ce Tans là Antoine d'Arçes, yſſu de cete tant
ancienne Maizon d'Arces an Daufiné, fit de grandes
preuves de ſa valeur an Eſpagne, Portugal, Angleterre, & Ecoſſe, allant, ſelon la coutume du ſiecle,
cherçher ſes avantures par des Tournois, à qui vou-
droit antrer an lice & jouter, ſoit à Lance mornee,
ſoit à fer emoulu & à outrance : Il montra tant de
preuves de ſa forſe & adreſſe, an prezance du Roy
d'Ecoſſe, Iaques IIII. qu'il le prit an grand' amour, an
ſorte qu'il ne ſe pouvoit paſſer de luy, le faizant ſouvant couçher an ſa çhambre. Il luy fit de grans dõs &
prezans, quand il revint an Françe. An ſes voyages il
eut pour cõpagnons de Fortune Gaſpar de Montau-
ban, Baron d'Aix & de Montmaur, aux Mõtagnes de
Daufiné, & Hum-bert de la Revoire, ſieur de Romagnieu, que l'Hiſtoire de Bayard apelle Imbaut.

Arces & Romagnieu furent pris prizonniers, avec
quelques autres François, à Trevize, an l'an MDIX.
apres avoir randu un grand combat, & conduis à
Venize, où ils demeurerẽt quelque Tans. Ce qui leur
óta le moyen de ſe trouver à la journee d'Aignadel,
où les Venitiens furent antieremant defaits, le XVIII.
de May MDIX. An cete journee le çhevalier Bayart,
le ſieur du Molar, & François de Maugeron, ſe ſi-
gnalerent par deſſuz tous: Gujot ou Ginet I. de Mau-

giron y fut tué. Arces, êtât forti quelque Tans apres, fût ancore repris par les Venitiens, lors que l'Ampereur Maximilian leur faizoit la guerre au Padouan. De là il fut rapellé an Ecoffe, où il fe retira avec fa fáme, laquelle êtoit de la Maizon de Ferrieres an Normandie, & fut Lieutenant general an tout le Royaume, par la mort de Iaques IIII. Roy d'Ecoffe, qui fut tué à la bataille, donnee fur le Til contre les Anglois, le X. Deçambre MDXIII. l'Anvie dépuis, & jalouzie des Grans d'Ecoffe fut fi vehemante, qu'il fut affaffiné, fous ombre d'apointer une querele, antre quelques Seigneurs. Ce fut l'an MDXXI.

Bayart avoit an ce Tans là, cinc çás hómes de pié, que Pierre du Pont, fon neveu, commandoit fous luy, outre les çant Lances du Duc de Lorraine, qu'il commandoit cóme Lieutenant.

Philibert de Clermont fieur de Montezon, êtoit Lieutenant pour le Roy à Ferrare, contre le Pape Iule II. Il avoit pour la garde de Ferrare, deux çans Lances, quatre çans çhevaux legers, & deux mille hómes de Pié, & mille Suiffes : Avec l'aide du çhevalier Bayart, il batit par tout les troupes du Pape, & ampéçha l'Armee des Venitiens, de fe joindre à cele du Pape, & an fin mit l'une & l'autre an dezordre. Durant cete guerre il mourut d'une fievre continuë à Ferrare, an l'an MDXII. le Roy le regreta bien fort : le jour qu'il an reçeut les nouvelles, il fe retira an particulier & ne voulut voir perfonne : dépuis, cóme il an parloit, il dit qu'il avoit perdu un bon ferviteur, & des meilleurs, an la valeur & experiáce,

duquel il avoit une antiere confiance,& que par cete
mort il croiroit avoir perdu la Lombardie,ſi Bayard
ne reſtoit pour maintenir la dignité de ſes Armes an
Italie : le ſieur de Montezon meritoit bien cete louange de la bouche de ſon Roy , car il avoit fait de
grans ſervices , comme on peut lire dans les Hiſtoires,à quoy nous ajoutons ce que dit Aimar du Rivail,
qu'avec ſa Cavalerie & peu de jans de pié , il avoit
repouſſé,batu, & chaſſé aupres du Lac de Come les
Suiſſes , qui ſe vouloient épandre ſur le Milanois.
Il dit ancore qu'il amporta le principal hóneur,antre
les Capitaines , qui ſe trouverent à la bataille de
Guiradade , que le Roy Louïs XII. gaigna an per-
ſone,le XIIII. de May MDIX. contre les Venitiens,qui
y perdirent dix-huit mille hómes , avec la prize de
Barthelemy d'Alviane , l'un des Generaux de leur
Armee : Le ſieur de Montezon,menant l'avát-garde
avec Iean Iaques Trivulſe,donna le premier dans les
annemis.Et ce fut l'Avantgarde qui fit le plus grand
efet : ledit Rival ajoute que nul Capitaine de ſon
Tans n'étoit plus adroit, & experimanté pour recó-
noitre & juger de loin la contenance & le nombre
des annemis:que les Florátins l'avoient autrefois de-
mandé au Roy,pour les aller aſſiſter,avec ſa Iandar-
merie , faizant pour cela de grandes offres d'hómes
& deniers:Ce que ſa Majeſté ne voulut accorder.

Le chevalier Bayart demeura Chef de l'Armée à
Ferrare,an la plaçe du ſieur de Mótezon,les troupes
duquel furent jointes avec celles qu'il commandoit
au paravát.Cóme Gaſton de Foix Duc de Nemours,

fut paſſé an Italie an l'an MDX. il repouſſa les Suiſ-
ſes par deux fois , & les ranvoya an leur païs mal
menez , & an partie défais : Paul Iove an la vie du
Pape Leon X. livre ſecond, dit que la vaillance de
Bayart parut an ces occazions, par deſſuz cele de
tous les autres.

A la prize de la ville de Breſſe,ou Bayart fit ſi bien,
qu'il amporta le premier hóneur, le ſieur du Molar
& Iacob Empſer Colonel des Lanſquenez, ayant
leurs troupes unies anſamble, ſervirent à merveilles.

A la Bataille de Ravenne, où l'Armee du Roy,
commandee par le Duc de Nemours, défit cele du
Pape,du Roy d'Eſpagne & des Venitiens,le xi. d'A-
vril,jour de Páques, MDXII.le chevalier Bayart ſe ſi-
gnala grandemãt.Le lecteur,peut être, prandra plai-
zir à voir la lettre qu'il écrivit à Laurans Alemand,
ſon oncle , ſur le ſujet de cete Iournee : Ele êt anre-
gitree an la Chambre des Contes de Grenoble.

MOnſieur,ſi tres-humblemànt,que faire puis,à vótre
bonne grace me recommande.

Monſieur , dépuis que dernieremant vous ay
êcrit avons eu , comme jà avez peu ſavoir , la
bataille contre nos annemis : Mais , pour vous an
avertir bien au long , la choʒe fut telle. C'êt que
nôtre Armee vint loger aupres de cete ville de Ravenne , nos annemis y furent auſſi-tôt que nous,
afin de dóner cœur à ladite ville , & au moyen tant
d'aucunes nouvelles , qui couroient chacun jour de la

defante des Suiffes, qu'auffi la faute de vivres qu'a-
vions an nôtre Camp, Monfieur de Nemours fe deli-
bera de dóner la bataille, & Dimançhe dernier paffa une
petite riviere, qui êtoit antre nofdits annemis & nous : fi
les vînmes rancontrer, ils marchoient an tres bel ordre,
& êtoient plus de dixfet çans hômes d'Armes, les plus
gorgias & trionfans qu'on vit jamais, & bien quatorze
mil hômes de pié, auffi jantis galans qu'on fauroit dire:
fi vindrent anviron mile hômes d'Armes des leurs
(comme jans de Zefperez, de ce que nôtre Artillerie les
afouloit) ruer fur nôtre bataille, an laquelle êtoit Monfieur de Nemours an perfonne, fa Compagnie, celle de
Monfieur de Lorreine, de Monfieur d'Ars & autres,
jufques au nombre de quatre çans hômes d'Armes, ou
anviron, qui reçeurent lefdits annemis de fi grand cœur,
qu'on ne vit jamais mieux combatre: antre nôtre avãt-
garde, qui êtoit de mil hômes d'Armes, & nous, il y
avoit de grans foffez, & auffi ele avoit affaire ailleurs
que nous pouvoir fecourir. Si convint à ladite bataille
porter le fais defdits mille hômes ou anviron: An cet an-
droit Monfieur de Nemours rompit fa Lance, antre les
deux batailles, & perça un hôme d'Armes des leurs tout
à travers, & demie braffee davantage. Si furent lefdits
mille hômes d'Armes defais & mis an fuite, & ainfi
que leurs donnions la chaffe, vînmes rancontrer leurs
jans de Pié, aupres de leur Artillerie, avec cinq ou fix
çans hômes d'Armes, qui êtoient parquez, & au devant d'eux avoient des çharrettes à deux roues, fur lef-
quelles il y avoit un grand fer à deux éles, de la lõgueur
de deux ou trois braffes, & êtoient nos jans de pié com-
batuz

batuz main à main, leurſdits Ians de Pié avoïent tant
d'Arquebutes que, quand ce vint à l'aborder, ils tue-
rent quaʒi tous nos Capitaines de Ians de Pié, an voye
d'ébranler & tourner le dos, mais ils furent ſi bien ſe-
couruz des Ians d'Armes, qu'apres bien combatre, noſ-
dits annemis furent defaits, perdirent leur Artillerie,
& ſet ou huit çans hómes d'Armes, qui leur furent tuez,
& la pluſpart de leurs Capitaines, avec ſet ou huit
mille hómes de Pié, & ne ſait-on point qu'il ſe ſoit ſauvé aucuns Capitaines, que le Viceroy: car nous avons
priʒonniers les Seigneurs Fabrice Colonne, le Cardinal
de Medicis, Legat du Pape, Petro Navarre, le Marquis de Peſquiere, le Marquis de Padule, le fis du
Prince de Melfe, Dom Iean de Cardone, le fis du Marquis de Betonde, qui êt bleſſé à mort, & d'autres dont
je ne ſay le nom. Ceux qui ſe ſauverent, furent çhaſſez
huit ou dix mille, & s'an vont par les Montagnes
écartez, ancor dit-on que les Vilains les ont mis an
pieces.

Monſieur, ſi le Roy a gaigné la bataille, ie vous jure
que les pauvres Iantishómes l'ont bien perduë: Car
ainſi que nous donnions la çhaſſe, Monſieur de Nemours vint treuver quelques Ians de Pié, qui ſe ral-
lioient, ſi voulut dóner dedans, mais le jantil Prince ſe
treuva ſi mal acompagné qu'il y fut tué, dont de toutes
les déplaiʒances & deuils qui furent jamais faits, ne fut
pareil que celuy qu'on a demené, & qu'on demene ancore an nôtre Camp: Car il ſamble que nous ayons perdu
la bataille, bien vous promets-je, Monſieur, que c'êt le
plus grand dommage, que de Prince, qui mourut çant

D d d

ans a , & s'il eut vécu âge d'hôme , il eut fait de choʒes
que onques Prince ne fit , & peuvent bien dire ceux qui
font de deçà , qu'ils ont perdu leur pere , & de moy,
Monfieur , ie n'y faurois jamais vivre qu'an melancolie , car j'ay tant perdu , que ie ne le vous faurois
écrire.

Monfieur, an d'autres lieux, furent tueʒ Monfieur
d'Alegre & fon fis , Monfieur du Molar , fix Capitaines Alemans , & le Capitaine Iacob , leur Colonel,le
Capitaine Maugiron , le Baron de grand Mont,& plus
de deux ʒans Iantishômes de nom , & tous d'eftime,
fans plus de deux mille hómes de Pié des nôtres,& vous
affeure que de çant ans , le Royaume de Françe ne re-
couvrera la perte que y avons euë.

Monfieur, hier matin fut ammené le cors de feu
Monfieur à Milan , avec deux çans hômes d'Armes,
au plus grand hôneur qu'on a feu aviʒer , car on porte
devant luy dixhuit ou vint Anfeignes , les plus trión-
fantes qu'on vit jamais , qui ont êté an cete bataille
gagnees : Il demeurera à Milan jufques à ce que le
Roy aye mandé s'il veut qu'il foit porté an Françe,
ou non.

Monfieur , nôtre Armee s'an va tamporiʒant par
cête Romagne, an prenant toutes les villes pour le Con-
cile , ils ne fe font point prier d'eux randre, au moyen de
ce qu'ils ont peur d'être pilleʒ,comme a êté cete ville de
Ravenne , an laquelle n'êt rien demeuré , & ne bouge-
rons de ce quartier,que le Roy n'aye mandé qu'il veut
que fon Armee faffe.

Monfieur , touçhant le frere du Pofte dont m'aveʒ

écrit, incontinant que l'anvoyerez, il n'y aura point de faute que ne le pourvoye : puis que cecy êt depéché, ie croy qu'aurons abſtinance de guerres : Toutefois les Suiſ-ſes font quelque bruit toujours, Mais quand ils ſauront cete defaite, peut être ils mettront quelque peu d'eau an leur vin, incontinant que les choſes ſeront un peu apai-Zees, ie vous iray voir. Priant Dieu Monſieur, qu'il vous donne tres bonne vie, & longue. Ecrit au Camp de Ravenne, ce 14. jour d'Avril.

Vôtre humble ſerviteur,

B A Y A R T.

Cete Lettre & l'Ordre ſuivant, ſont au Livre III. des *Generalia f. CCCLXIIII.* an la deuziéme cotte.

L'ORDRE ET NOMBRE DES
Ians de guerre, qui ont été an la bataille, faite de par le Roy nôtre Sire Louïs XII. de ce nom, contre l'Armee du Pape, du Roy d'Eſpagne, & des Venitiens, devant la ville de Ravenne, le XI. jour d'Avril, jour de Páques, l'an MDXII.

Roole de l'Avantgarde.

PRemieremant, le Duc de Ferrare, qui menera ladite Avantgarde.   c. Lançes.
Monſieur de l'Autrec.   l. Lançes.
Monſieur le grand Maître.   l. Lançes.
Monſieur de Bourbon.   l. Lançes.

D d d ij

Monsieur d'Imbercourt.	xl. Lançes.
Monsieur de Chastelar.	l. Lançes.
Monsieur de Boysy.	l. Lançes.
Monsieur le Senéchal de Rouergue.	lx. Lançes.
Monsieur le Grand Ecuyer.	l. Lançes.
Le Comte de Musol.	xl. Lançes.
Monsieur de Fontanilles.	xl. Lançes.
Monsieur du Plessis.	c. Lançes.
Monsieur de Bedan.	c. Lançes.
Monsieur de Mazieres, Bâtard de Rieux.	xx. Lances.
Somme.	ix.c.xl. Lances.
Plus Iean Bernardin Carach.	p. Alemans.
Le Bâtard de la Balme.	c. Alemans.

Plus les ccc. chevaux legers du Duc de Ferrare,
ccc. chevaux legers.

Somme.	ixc. chevaux.

Jans de Pié.

Monsieur du Moular.	deux mille hómes.
Le Capitaine Iacob.	deux mille hómc .
Le Bâtard de Cleves.	mille hómes.
Le Capitaine Philippes.	mille hómes.
Le frere du Capitaine Iacob.	mille hómes.
Le Baron de Graveral.	mille hómes.
Somme.	ix. mille cinq çans hómes.

Plus toute la bâde de l'Artillerie que Monsieur le
grand Senéchal conduira, avec les Iantishómes de
l'Hôtel du Roy. deux çans Lances.

Monsieur de Cursol.	deux çans Archers.
La Compagnie de Monsieur.	c. Lances.
Monsieur de Lorraine.	lxxx. Lances.

Monſieur d'Aubigni.	I. lance.
Monſieur de Duras.	I. lances.
Monſieur l'Amiral.	I. lances.
Monſieur de Terde.	I. lances.
Somme.	DC.iiijxx. lances.

Jans de Pié.

Le Cadet de Duras.	mille hómes.
Le Capitaine Odet.	mille hómes.
Monſieur de Montmiral.	mille hómes.

Et s'an iront joindre à l'Avantgarde, ſi l'affaire y êt, ou à l'Arrieregarde.

L'arriere-Garde.

L'arriere-garde conduira Monſieur d'Alegre, avec

ſa Compagnie.	I. lances.
Le Marquis de Montferrat.	I. lances.
Le Senéchal d'Armagnac.	xx. lances.
Monſieur de Prie.	I. lances.
Monſieur d'Eſtanſon, ou le chevalier Blanc.	lx. láces.
Monſieur de Buſſy.	xx. lances.
Somme.	cclx. lances.

Jans de Pié.

Le ſieur Frederic.	mille hómes.
Le Conte Maleſtoc.	D. hómes.
Le Conte Parizot.	D. hómes.
Le Marquis de Maleſpine.	ccc. hómes.
Le Marquis Bernardo.	D. hómes.
Longueval.	ccc. hómes.
Antoine Bellot.	ccc. hómes.
Iean Iaques de Caſtille.	D. hómes.
Verdanſon.	D. hómes.

Somme   iiij. mil ix. çans hómes.

Monſieur ſera avec xl. hómes d'Armes , & trois ou quatre Capitaines , tels qu'il luy plaira avizer, pour l'acompagner, & ira où ſera l'affaire , pour y dóner ordre.

Somme des Lançes.   MDCCCL. Lançes.
Albanois,& chevaux legers.   ixc.
Ians de Pié.   xvij. mil iiij. çans.

Le combat qui ſe fit au Royaume de Naples,antre treze François , & au tant d'Italiens ou Eſpagnols, fut du tout honorable pour le chevalier Bayart, le ſieur d'Vrſé & leurs Compagnons, qui ne peurent être vaincuz, quoy que d'abord on eut tué des chevaux,par la ruze des Italiens , qui portoient des Lançes plus longues que les ordinaires. Guichardin,qui témoigne ouvertemant la haine qu'il porte au François , an parle malicieuzemant , & diverſemant de tous les autres. Etant vray que les Italiens n'ammenerent aucuns prizonniers ,qu'ils ſortirent égaux du Camp , & que Bayart & d'Vrſé ne peurent être ny demontez ny vaincuz, ains ramenerent leurs compagnons , ſuivant les convenançes. I'ay apris qu'Artaud Salvain, ſieur de Boiſſieu, Couzin du ſieur de Bayart, fut l'un des treze François, il fut abatu deſſous ſon cheval , & dépuis mourut à la Iournee de Pavie.

Ie ne redy rien de ce qui êt compris an la vie du chevalier Bayart , ſeulemant i'ajoute ce que i'ay glané çà & là , cóme ce qu'il fit aux noſſes du Roy

Louïs XII. & de Marie d'Angleterre, sœur du Roy
Hanry VIII. d'Angleterre. Ie treuve an l'Hiftoire du
Confeiller Rival, qu'aux Ioutes & Tournois, qui fe
firêt à Paris, il parut fur les rangs, & fit preuve de fa
valeur, par diverfes fois, contre pluzieurs Seigneurs
Anglois, ráportant toujours le principal hóneur. Le
Roy le fit Lieutenant general au Gouvernemant de
Daufiné, fous Monfieur le Duc de Longueville, apres
la mort de Soffrey Alemand fieur du Molar. Il eut
les provizions le vin-tiéme Ianvier MDXIIII.

An ce Tans florifloit un grand Iurifconfulte
Etienne Bertrand, qui a fait de beaux Traittez &
Confeils: Il étoit natif & originaire de S. Chef, an
Viennois, & s'étoit retiré à Carpantras : il donnoit
aux pauvres la diziéme partie de tout ce qu'il gai-
gnoit à écrire & confulter.

Du Regne de François premier, pluzieurs Seigneurs Daufinois étoient an grand credit & autorité,
Iean de Poitiers, Vicomte d'Etoile : Bernardin de
Clermont, Vicomte de Talard; Pierre Terrail, fieur
de Bayart: Michel de Poizieu, fieur du Paffage : Gu-
yot ou Guillaume de Maugeron : Ian Martin, fieur
d'Anieres, & autres.

Le ferviteur Loyal an fon Hiftoire chap. LX. paffe
an une ligne l'hóneur, que reçeut le chevalier Bayart,
quand il fit le Roy François chevalier (qu'on dit de
l'acolade) apres la bataille de Marignan : Cepandant
ce fut une action digne d'être relevee : Car le Roy,
an prezance de tous les Princes, grans Seigneurs, &
Capitaines, ayant fort haut loüê la valeur du fieur de

Bayart, & remarqué les plus signalez de ses gestes,
dit ces nobles paroles : *Ce sera donc de la main du*
chevalier Bayart, que ie seray fait chevalier, nul ne luy
an doit porter anvie, puis que nul n'a eu l'heur de se
trouver an tant de batailles, assaux & rancontres, à
pié & à cheval, & donner plus de preuves de sa vail-
lance, experiance, & bonne conduite. Là êtoient Charles
Duc de Bourbon, Comte de Vandôme, Conétable
de France : les Ducs de Savoye & de Ferrare : &
presque tous les Princes & grans Seigneurs de
France & d'Italie : & maints grans Capitaines. Le
sieur de Bayart par le chois & jugemant du Roy,
fut, avec raizon, preferé à tous an cete action.
Simphorien Champier an la vie de Bayart, livre III.
an a fait un chapitre tout antier. *Paul Iove* an fait
mantion fort honorable, au livre XV. de son
Histoire. *Ludovic Dominichi*, au XII. livre des Dits
& Faits notables des Princes & grans personages.

Bayart apres cete action fit une grande reverance,
& baizant son épee dit, *glorieuse épee, qui aujourdhuy*
as eu l'hôneur de faire chevalier le plus grand Roy du
monde, ie ne t'amployeray jamais plus, que contre les in-
fideles annemis du nom Chrêtien.

Cete épee a été mal conservee, ceux qui restent
de son nom, ne savent qu'elle êt devenuë : Le Duc
Charles Emanuel de Savoye, petit fis du Roy
François, qui, vaillant comme luy, aime les vaillans, & honore leur memoire, a deziré de l'avoir,
pour la mettre parmy un nombre de chozes rares,
qu'il conserve an sa Galerie à Thurin, mais ne l'ayât

peu recouvrer, quele dilijante reçherche qu'il an
aye faite, il a mis an ſa plaçe la maſſe d'Armes dont
le Chevalier ſe ſervoit an guerre, qu'il a retiree, avec
inſtance, de Charles du Motet ſieur de Chiçhiliane,
brave & ſage Iantilhóme de Daufiné, qui la con-
ſervoit ſoigneuzemant. Il luy écrivit une fort ho-
nete Letre, le priant de luy an faire prezant, &
qu'il la çheriroit cóme çhoze tres-precieuze, ad-
joutant pour l'hóneur du çhevalier, *que parmi le
contantemant qu'il auroit de voir cete piece au lieu plus
digne de ſa Gallerie, il êtoit déplaiſant dequoy ele ne
ſeroit an ſi bonnes mains, que celles de ſon premier
Maitre.*

Or an cete bataille glorieuze pour le Roy, ſe
trouverent plus de trois çans Iantishómes de Daufiné, outre le ſieur de Bayart, antre autres Roſtain
de Veſc, ſieur de Beccóne, Capitaine de cinc çans
hómes de Pié : François de Beranger, ſieur de Morges : Antoine d'Vrre : Guy de Veſc ; Philibert de la
Revoire, ſieur de Romagnieu : Giraud d'Ancezune:
Pierre de Latier : Ie nomme ceux-cy les premiers,
pource qu'ils moururent dépuis à la bataille de Pavie, combatant vaillammant. Antoine Comte de
Clermont, Capitaine des çant Iantishómes de la
Chambre du Roy:Bernardin de Clermont,Vicomte
de Talard : Antoine de Meuillon, Baron de Bref-
fieu : Claude Alemand, ſieur de Taulignan, avec ſes
deux anfans : Gujot de Maugiron, ſieur d'Ampuy,
Lieutenant de la Compagnie de çant hómes d'Armes, & de deux çans çhevaus legers du Comte de

E e e

S. Paul : Gaſpar Terrail,ſieur de Bernin , couzin du
ſieur de Bayart : Michel de Poizieu , fis de Sibuet:
Marin de Montchenu , premier Maitre d'Hôtel de la
Maizon du Roy , Guy où Guigues Guifray,ſieur de
Botieres : Philippes de la Tour,ſieur de Vatilleu:Me-
raud du Faï,ſieur de S. Iean d'Ambournay : Humbert de Grolee,ſieur d'Illins : Claude de Theis,ſieur
de Sillans:Iean de Beaumont:Iean de Maubec:Iaques
Robe : Claude de Maizon-neuve : le bâtard de Poi-
tiers:Humbert,ou Imbert,ou Imbaut de la Revoire,
frere de Philibert:Pierre de beauvoir ſieur de Faver-
ges:Pierre de la Revoire,neveu d'Humbert, & Phili-
bert:Laurans de beaumont,ſieur de S.Quentin:Louïs
de Ions:Tous ceux cy furent dépuis prizôniers,à la
même bataille de Pavie:Marin de môtchenu demeura toujours aupres de la perſonne du Roy ſon maitre,
durât ſa detantion:Aux deux Iournees de Marignan,
Iean Iaques Einard : François de Saſſenage : baltezar
de beaumont: Louïs de Tolon ſieur de S.Ialle : Iean
de bonne,ſieur Deſdiguieres : Hônoré de bône ſieur
de la Rochete, Philippes de Ville : Pierre de Theis
ſieur d'Hercules:Iean de Galles,fis de Iean,qui mourut à Phornouë : Philibert de S.André,de S. Laurans
du Pont:& grand nombre d'autres Daufinois,firent
de grans exploîs,& ſervirent bien.

Simphorien champier fait mantion de pluzieurs
Seigneurs & Iantishómes de Daufiné , qui ſe ſont
ſignalez , durant les regnes de Louïs XI. Charles
VIII. Louïs XII. & François I. cóme de la Maizon
de Clermont, de Tournon, de Poitiers,de Maubec,

de Saffenage, des Alemans, de Grolee, de Bocſuzel,
de Faï: du Bouçhage, de Romagnieu: des Guiffreis,
de Monteinard, de la Baume d'Autun, de la Garde,
de Châteauneuf, de Chandieu, de S. Pry, de Beaumont, de Montplaizant, du Puy, de Bizonnes, de
Mions, de Theis, de Terrail, de Morges, d'Auti-
champ, de Champier, de Beranger, de Ion, de
Dizimieu, de Poizieu, de Maugiron, de Revel, de
Martel, de Tardes, de Mantonne, du Puy S. Martin,
d'Izeron, de Granges, de Vatillieu, d'Arces, de
Varces, de Clavaizon, de la Baume Cornillane, de
Conillieu, d'Ieres, de Serrieres, de Ioffrey, de la
Balme. Il dit qu'il ſe deporte de parler de ceux qui
moururēt à la bataille de Montlery, pource que leurs
Portraits & Hiſtoires ſont an l'Eglize S. André à Grenoble, leſquels oncques ne voulurent delaiſſer le
Roy, côme firent pluzieurs autres, & éleurent plûtot
la mort que la fuite. Ces Portraits & les nôs ſe treuvent efaſſez & perduz: Les premiers troubles ont
gâté tout celà. On dit qu'ils êtoient non à S. André,
ains an l'Eglize des Iacopins, qui fut ruinee: La
bataille y êtoit reprezantee, & remarqué antre autres çhozes, que de CIIII. Iantishômes qui y moururent, il y an eut LIIII. de Daufiné.

Les guerres de Lombardie êtans un peu apaizees,
le ſieur de Bayart vint an Daufiné, où il ne ſejourna
gueres, que le Roy le manda pour l'aller treuver.
An paſſant à Moulins, il vizita le Duc de Bourbon,
qui luy fit de tres-grandes careſſes, & le pria de faire
çhevalier ſon fis ainé, qui êtoit ancore antre les

mains de ſes nourriſſes & gouvernantes: dizant que
ç'êtoit le plus grand hóneur que ſon fis pouvoit jamais reçevoir au monde, & que ce luy ſeroit un
Augure de bonne fortune à l'avenir : le ſieur de
Bayart pour luy complaire s'y accorda tres-volon-
tiers.

Lors que l'Armee de l'Ampereur Charles V. compozee de quarante mille hómes de Pié, quatre mille
çhevaux, & çant dix pieces de canon, apres avoir
ravagê les Etas du Comte de la Marc, ſe vint jetter
an Champagne, conduite par le Comte de Naſſau,
& que Mozon aſſiegé fut amporté par compozition
bien plútot qu'on ne panſoit, le Roy François ſe
trouva ſurpris & ampéché pour n'avoir ancore ſon
Armee an état de s'opozer á l'annemy. Il aſſambla
donc ſon Conſeil de guerre, où la pluſpart fut d'a-
vis de ruiner & brúler la ville de Mezieres, pour être
trop foible, & ne pouvoir être conſervee, qu'il fa-
loit óter ce logis, & brúler tout le païs d'alantour,
pour afamer l'Armee annemie. Le ſieur de Bayart
fut de contraire opinion, dizant *qu'il n'y avoit*
point de plaçe foible, là où il y avoit des Ians de bien,
pour la defandre : s'ofrant de la garder & an
randre bon conte, s'il plaizoit au Roy luy an dóner
la charge: Ce qui fut fait incontinant, & commádé
au Duc d'Alanſon, Gouverneur de Champagne, de
luy fournir hómes, vivres, & munitions neceſſai-
res. Il ſe jeta donc dans la Plaçe, avec pouvoir d'y
commander abſolumant, ſur tous ceux qui ſe treu-
veroient dedans, tant Etrangers qu'autres : Il avoit

avec luy de Ians de marque de Daufiné, Charles Alemand, ſieur de Laval, ſon Couzin, qui fut dépuis Lieutenant pour le Roy au gouvernemant de Daufiné, & Gaſpar Terrail, ſieur de Bernin, ſon couzin : Antoine de Clermont, fis de Bernardin Vicomte de Talard : François de Saſſenage:Iean Iaques Einard : Guigues Guiffrey, ſieur de Botieres : Baltezar de Beaumont, & pluzieurs autres. Anne de Montmorancy,dépuis Conétable de France,s'y randit avec ſa cavalerie, ſe tenant heureux & glorieux de ſe trouver an cete ocazion, ſous un ſi grand & renommé Capitaine : Laurans Eynard Daufinois, étoit Lieutenant dudit Seigneur de Montmorancy.

Le ſieur de Bayard fit ſortir toutes les bouches inutiles, par le Pont de Meuze,du côté de France : puis donna charge au ſieur de Botieres de faire rompre le Pont. Apres il fit aſſambler les Chefs & principaux, tant de la Garnizon que de la ville, leur fit jurer & promettre que jamais ils ne parleroient de ſe randre aux annemis, qu'ils mourroient plûtot trétous an defandant la Plaçe : &, ſi les vivres defailloient,qu'ils mangeroiét leur ҫhevaux,& leurs bótes. Les Soldas étoient ſi alegres & contans, ayans le chevalier pour leur Chef, qu'ils s'eſtimoient imprenables à toutes les puiſſances du monde.Ils dizoient par jeu & gauſſerie, ſi les vivres nous manquent, plûtot que nous randre, apres avoir mangé les betes, nous mangerons nos Laquais. Cependant on repara dilijammant les androis plus foibles

de la ville, an quoy le chevalier fournit du sien plus
de six mille écuz. Il donna la charge & l'intandance
des vivres à Philippes de ville, Iantilhóme de Daufiné, dõt nous avõs parlé, qui s'êtoit acquis une longue experiáce, & bele reputatiõ au faict de la guerre:
Aussi il s'an acquita tresbien. Le siege dura six semai-
nes, & fut levé à la honte de cete grosse Armee, qui
toute morfonduë & dissipee fut cõtrainte de se retirer an Flandres & Allemagne. Les Histoires an font
ample mãtiõ: Le chevalier y perdit Imbert de Vaulx,
sieur de Milieu: Il êtoit Cadet de la maizon de Vaulx,
antre Bourgoin & la Verpilliere, de laquelle sont
sortis de braves Iantishómes : Tous ceux de cete
raçe sont vaillans : Le sieur de Milieu fut tué à une
sortie.

Le Roy cepandant avoit eu loizir d'assambler une
grosse Armee, sous les Ducs de Bourbon & d'Alan-
son, an laquelle, outre les François, il y avoit dix
mille Suisses. Toute la Françe avoua que la valeur
du sieur de Bayart l'avoit conservee, & la rezistance
qu'il avoit faite à Mezieres. Car le Roy se repozant
& confiant an la paix qu'il auoit avec l'Ampereur, &
ne se doutant de rien, n'eut eu moyen d'ampécher
que l'Armee Imperiale ne fut venuë bien avant dans
la Françe, & peut-être eut ampeçhé la sienne
de s'assambler & mettre an état de s'opozer à ses an-
treprizes. Aussi sa Majesté fit des caresses extremes
au sieur de Bayart, luy donna l'ordre de S. Michel,
& çant hómes d'Armes, charge qui ne se donnoit
an ce Tans là qu'aux Princes du sang. Cete Com-

pagnie êtoit fi bele tant qu'il vécut, qu'il y avoit toujours pres de quinze çans chevaux. Sa Majefté fit ancore, par fa nomination, que Philippes Terrail, frere du chevalier, eut l'Evêché de Glandevez, & Iaques fon autre frere l'Abayïe de Iozaphat, aux Fauxbours de Chartres. Et l'Evéque Philippes étant decedé quelque Tans apres le chevalier, Sa Majefté fe refouvenant de fes fervices, nomma à l'Evéché, & an fit prouvoir l'Abé, qui tint l'un & l'autre Be-nefice jufques à fon decez, comme nous avons dit cy devant.

Tous les habitans de Mezieres, quand le fieur de Bayart an fortit, le fuivoient avec acclamations & actions de graces, non feulemant à luy, mais auffi aux Capitaines, & Soldas, baizant leurs Armes & cazaques, comme à leurs defanfeurs & liberateurs: I'ay apris que cete ville non ingrate de fes bien-faits, garde ancore la fouvenance de tant d'obligations, & honore tous les ans la memoire du chevalier.

L'hyver s'aprochant, les François furent ou con-gediez, ou ranvoyez aux Garnizons, les Suiffes s'an retournerent, & le Roy revint à Paris, menant le chevalier Bayart avec luy. Tout le Peuple accou-roit pour le voir: Et le Parlemant méme deputa des Prezidans & Confeillers, pour l'aler faluër de fa part, le feliciter dequoy il avoit fi bien fervi fon Roy, & luy faire les offres & hóneurs qu'ils ont acoutumé de randre an pareilles ocazions. Ayant fejourné quelque Tans à Paris, il s'an revint an Daufiné, où il paffa partie de l'Hyver, puis fur la fin de Fevrier

MDXXII. il repaſſa les Mons, par le commandemant du Roy, outre ſa côpagnie & ſes jans de Pié, il avoit avec luy Charles Alemand, ſieur de Laval, ſon couzin, Baltezar de Beaumont, de Gumin, ſieur de de Romanéche, & quelques autres Iantishómes. Il paſſa par Genes, & de là, s'étant joint au Maréchal de Foix, & Pietre Navarre, vint an l'Armee du Roy, laquelle êtoit au tour de Milan, ſous le commande-mant de Monſieur de Lautrec : les Suiſſes, an nom-bre de douze mille, faizant partie du cors de l'Armee, ne voulurent combatre *à la Bicoque*, apres avoir êté repouſſez au premier abord, ce qui fut cauze de beaucoup de mal : Ils ſe retirerent an leur païs : Cela fit ampirer les affaires du Roy & diſſiper ſon Armee. De ſorte qu'on la mit aux Garnizons. Le chevalier revint ſur la Frontiere du Marquizat de Saluces avec ſa cavalerie, & deux mille hómes de Pié, commandez ſous luy par Pierre de Theis, ſieur d'Hercules, & par Philippes de la Tour, ſieur de Vatilleu, il ſe tint là juſques à tant que l'Annemy eut rompu ſon Armee, & l'eut mize an Garnizon. De là il repaſſa deçà les Mons, & ſe randit à Gre-noble, où la Peſte s'étant alumee, il y proveut ſi bien, qu'elle ne dura pas lon Tans, nourrit à ſes dépans tous les pauvres infets, ou ſuſpets de contagion, les fit aſſiſter de vivres, de Medeçins, de Chirurgiens, & Medicamans : fit de grandes charitez & aumo-nes, aux autres pauvres de la ville, & des lieux cir-convoizins. De ſon naturel il êtoit grandemant çharitable & ſoigneux des pauvres, mémes des hon-

teux. La derniere fois qu'il fut à Grenoble, il fit
diſtribuer, avant que partir, aux Convans & Mona-
ſteres des Mandians, & aux pauvres de l'Hôpital ſet
çans écuz.

An l'an MDXXIII. le Roy ayant fait deſſein de
repaſſer an Italie, pour ravoir la Duçhé de Milan, la
fuite de Charles Duc de Bourbon, retiré pardevers
l'Ampereur, luy fit çhanger de volonté. De ſorte
qu'il anvoya l'Amiral de Bonnivet, pour commander à ſon Armeé, où Bayard fut amployé. Et durant
que l'Amiral fut au ſiege de Milan, il alla, avec
huit mille hómes de Pié, quatre çans hómes d'Armes, & huit canons attaquer à Laude, le Duc de
Mantouë, qui s'étoit jeté dedans, avec cinc çans
Lançes, & deux çans hómes de Pié. Mais ſantant
venir le Chevalier, il n'eut le courage d'atandre, &
s'an alla bien vite. Bayard reprit dõc la Plaçe, & y mit
une forte Garnizon. De là, il s'an alla mettre le ſiege
devant Cremóne, la batit, à la barbe de l'Armée Ve-
nitienne & de cele du Pape, l'amportoit ſans l'incõ-
modité des pluyes, qui furent ſi grandes, durant
quatre jours, qu'il n'y eut aucun moyen de donner
l'Aſſaut, ains ſe falut retirer acauze que les vivres
manquoient à l'Armee, ayant les annemis à dos & à
cóté. Il rafréçhit la Garnizon du Cháteau, qui tenoit pour le Roy, & y jeta force vivres & munitions de guerre.

An fin an l'an MDXXIIII. l'Armee Imperiale ſe
ranforſant, & celle du Roy s'afoibliſſant, Monſieur
l'Amiral ſe vint loger à Biagras, & fit avançer le

fieur de Bayard à Rebec, petit vilage proçhe de Milan, où étoit l'Armee annemie. Il s'excuza d'y aler, dizant qu'il fe perdroit, les annemis êtans fi pres, & n'êtant le lieu ny clos de muraille, ny barriqué, qu'il avoit bezoin du moins de bon nombre de Ians de Pié : Monfieur l'Amiral promit de luy an anvoyer, mais il n'an fit rien. Le Chevalier faizant faire bon guet dedans & dehors, fut affailly un matin à deux heures apres minuit, par François Ferrand Davalo Marquis de Pefcare. Ce ne fut pas pourtát avec tát de furprize, qu'il n'eut le tans de fe retirer avec fes Ians. Il y perdit quelques çhevaus & bagage, feze Iandarmes prizóniers, & pluzieurs valets. *Paul Iove*, pour relever la grandeur des Italiens, raconte cete action avec trop d'avantage pour ledit Marquis, ç'êt au troiziéme livre de fa vie. Guiçhardin & luy par tout où ils peuvent, depriment la valeur & gloire des François, favorizant les Italiens, au prejudice de la verité. Bayard, s'il eut vécu, l'ocazion paffee, êtoit rezolu de provoquer l'Admiral au combat, croyant qu'il l'avoit anvoyé & laiffé à Rebec pour le perdre, foit par jalouzie, anvie, ou autre fujet. Ils êtoient tous deux tres-vaillans, & ne vécurent gueres l'un apres l'autre : Car l'Amiral mourut bient tót apres, à la bataille de Pavie, combatant valeureuzemant. Quelques uns l'acuzent qu'il fut cauze de la perte de ladite bataille, ayant, par trop de courage, & de feu, donné confeil au Roy de fortir de fon retrançhemant.

Or reprenát nôtre fil, l'Amiral fe difpoza de quit-

ter Biagras,& gagner Novarre. Il mit donc fur la fin
d'Avril fon Armee an tres bel ordre, les annemis le
fuivant à la queuë, luy méme faizoit la retraite, avec
le Chevalier Bayard, ce qui tenoit les annemis an
telle crainte, qu'ils n'ozoiét gueres aprocher, ains fui-
voiét feulemant à cous de Moufquets, harquebuzes à
Croc,& Fauconeaux. L'Armee marcha an cete forte
tout un jour. Le landemain, anviron les huit heures
du matin, s'étant faite une furieuze charge, le fieur
de Vandeneffe, de la Maizon de la Palifle, y fut tué,
& Monfieur l'Amiral bleffé au bras, & contraint de
fe retirer au gros, & fe mettre an Littiere, laiffant
toute la charge au fieur de Bayard. *Paul Ioue* au livre fufdit, & *Ludovic Domenichi*, au douziéme livre des faits & dits notables des Hómes illuftres,
& Iaques Ioffrey, au petit memorial qu'il a
fait de la mort & convoy fait au Chevalier, jufques à fon anterremant, racontent les paroles dudit
Amiral, qui furent telles. *Monfeigneur de Bayard, ie*
vous prie & conjure par la gloire & l'hóneur du nom
François, que vous defandiez aujourdhuy l'Artillerie
& les Anfeignes, que ie vous remets & configne antie-
remant à vôtre fidelité, valeur & fage conduite, puis
qu'il n'y a perfonne an l'Armee du Roy, qui an foit plus
capable que vous, foit pour la valeur, l'experiance, ou
le Confeil. A quoy Bayard répondit. *Monfeigneur, ie*
voudroy bien que vous m'euffiez fait cet hóneur an
quelque plus favorable ocaZion, où la fortune nous fut
moins contraire : Mais pourtant, quoy qu'il an foit, ie
vous affeure & promets que ie les defandray, fi bien que

tant que ie seray vivant , elles ne viendront ja-
mais au pouvoir des annemis , ce qu'il maintint
bravemant : Car durant deux heures , il fit de si
grandes çharges , & fit reculer si loin les annemis , que l'Armee eut le Tans de se retirer à couvert, avec tout l'atirail, sans aucun dezordre : Mais
anviron sur les dix heures avant midy , l'Armee
êtant fort avançee , & luy avec sa troupe demeurant le dernier , tourné de coté , le vizage
vers les annemis , fut attaint, d'un coup de har-
quebuze à croc , au flanc droit , qui luy briza
l'épine du dos : Il çhançela un peu , & neantmoins
ne çheut de çheval : Ses Ians êtans acouruz, le voulurent amporter hors de l'ocazion, il ne le voulut
permetre, quoy qu'il an fut pressé par le sieur d'A-
legre , & dit que ç'an êtoit fait , qu'il êtoit mort , &
que n'ayant jamais tourné le dos à l'annemy , il nc
vouloit pas commançer an finissant , commanda
qu'on fit une çharge , pour repousser l'Annemy, qui
commançoit d'aproçher , puis dit à Iaques Ioffrey,
jeune Iantilhóme du quartier de Bourgoin, où S.
Chef, an Daufiné , son Maitre d'Hôtel, *qu'on me de-*
fande au pié de cet Arbre , & me mettez an sorte que
j'aye la façe regardant les annemis : Ce qui fut incontinant fait , à l'aide de quelques Suisses. Lors il pria
le sieur d'Alegre , de dire au Roy qu'il mouroit
tres-contant , puis que ç'êtoit an le servant,
les Armes an la main, que ç'avoit toujours êtè
son dezir, que nul regret de mourir ne le tou-

çhoit, sinon dequoy, il perdoit avec la vie, le moyen de le servir plus longuemant. Apres il fit son testamant militaire, an peu de mots, ordonna, pour son Ame, & pour les pauvres, institua son heritier universel George Terrail, son frere, & s'il mouroit sans mâles, ou ses mâles sans mâles, sustitua Gaspar Terrail, sieur de Bernin son Couzin, qui êtoit an l'Armee, & ses mâles desandans de luy. Cecy arriva le dernier jour d'Avril MDXXIIII. & mourut à six heures apres midy. Pluzieurs écrivains ont parlé des dernieres actions de sa vie, & des paroles qu'il tint à Charles Duc de Bourbon : Iaques Ioffrey, dont nous avons parlé, raconte les discours que ce Prince luy tint an l'abordant, ayant mis pié à terre. *Ha ! Capitaine Bayard, que ie suis marry & déplaiZant de vous voir an cet êtat : Ie vous ay toujours aimé & hónoré, pour la grande proueße & sageße qui êt an vous. Ha ! que j'ay grand pitié de vous !* A quoy Bayard répondit. *Monseigneur, ie vous remercie, il n'y a point de pitié an moy, qui meurs an homme de bien, servant mon Roy : Il faut avoir pitié de vous, qui portez les Armes contre vótre Prince, vótre patrie, & vótre sermant.* Ledit Duc l'antretint particulierement de sa disgrace, & de sa fuite hors du Royaume de France. Le Chevalier l'exorta de se ravizer, & se remettre an la grace du Roy, qu'autremant avec les biens, il perdoit son honeur à jamais.

François d'Avalo Marquis de Pefcare, antre les Chefs de l'Armee Imperiale, acourant des premiers, hónora & confola grandemant le Chevalier, fit tandre fon lit & Pavillon au tour de l'Arbre, s'aida luy mémes à l'y coucher, le tenant par la main, & la luy baizant, cóme s'il eut été fon frere, ou fon fis. Les Chirurgiens y furent an méme Tans, mais ne trouvant aucun efpoir an fa bleffure, il luy donna un Prétre pour l'affifter, puis ne pouvant demeurer pres de luy, à cauze qu'il conduizoit l'Avant-garde: il luy laiffa deux Iantishómes, avec des gardes, à fin qu'il ne fut ny fouillé, ny ofancé, n'y mémes aproché par aucun des Soldas, dónant ordre qu'auffitót qu'il feroit mort, fon cors fut porté au Bourg plus proche, où, attandant que le fieur de Ioffrey, & les Officiers du defunt euffent preparé le convoy, pour l'amporter, il luy fit faire tous les hóneurs funebres, qu'on eut fait à luy mémes, fi l'accidant luy fut arrivé : brave & genereux Marquis! digne d'eternele louange, qui, par cete action, à fait voir que la vertu a cet avantage de fe faire eftimer & çherir aux courages magnanimes, quoy qu'annemis.

Le Roy François averty de la mort du bon Chevalier, an fut fort dolant : & cóme on ne cónoit point l'importance d'une perte que quand elle êt arrivee, il témoigna durant pluzieurs jours l'extréme déplaizir qu'il an refantoit, & parmi fes regrets dizoit *qu'il avoit perdu un grand Capitaine, dont le nom faizoit hónorer & craindre fes Armes, que veritablemant il meritoit de plus hautes çharges, &*

bien-fais qu'il n'an avoit possedé. Il dizoit souvant
dépuis an la plus part des mauvais succez qui luy
arriverent. *Ha ! Chevalier Bayard, que vous me
faites grand faute !* notammant apres la bataille de
Pavie, qu'il perdit la méme annee MDXXIIII.
an Fevrier, qui êtoit le dernier mois de l'an : car on
contoit an France à l'Incarnation, & non ancore à
la Nativité : durant sa detãtion, an Espagne il dit un
jour à Marin de Monchenu, premier Maitre d'Hôtel de sa Maizon, devizant an privé. *Si le Chevalier
Bayard, qui êtoit vaillant & experimanté, eut été vivant & près de moy, mes affaires, sans doute, auroient
pris un meilleur train, j'auroy pris & creu son conseil, ie
n'auroy separé mon Armee, & ne seroy sorti de mon re-
tranchemant : Et puis sa prezance m'auroit valu çant
Capitaines, tant il avoit gaigné de creance parmi les
miens, & de crainte parmi mes annemis. Ha ! ie ne
seroy pas icy !*

Il êtoit de stature haute, droite, & gréle, d'un vizage doux & gratieux, l'œil noir, le nez traitis, tirant sur l'achillin, il portoit la barbe raze, pour n'an
être ampéché dans les Armes, avec une perruque de
poil chatain, de la couleur qu'êtoit le sien naturel, il
avoit la charnure fort blanche & delicaté. Ie suis
marry que Thevet ait mis son Portrait de si mau-
vaize grace, au Livre qu'il a fait des Hómes illustres,
il ne luy resamble nullemant : Cela êt cauze qu'on
l'a depeint de méme an l'Histoire que le sieur Godefroy a remize au jour, & dépuis ancore an la
Galerie du Louvre, aupres du Roy François I.

Il mourut âgé de LV. ans.

Le Loyal ferviteur & Champier, racontent le deuil que toute l'Armee du Roy fit de cete mort. Il fut grand par toute la France : Mais an Daufiné, il fut extreme, fes parans, fes amis ne fe pouvoient confoler, le Clergé, la Nobleffe, le Parlemant, la Chambre des Contes, tous les Officiers, tout le Peuple, pauvres, & riches fambloient, châcun an particulier, avoir perdu fon pere, où fon fis unique. Ce ne fut pas pour un iour, il dura lon tans, & jamais les vivans ne virent un deuil fi vehemant, ne fi univerfel.

Il fut donc affez pleuré, mais il ne fauroit jamais être effez loué : Auffi le remede du deuil, & d'une telle perte, ne pouvoit & ne devoit être an l'oubliance de fa mort, ains an la memoire de fes merites & vertuz, qui luy ont aquis cet eloge & glorieuze qualité de *Chevalier fans peur & fans reproche.* Le R. P. general des Chartreux, fonda un obit & anniverfaire pour fon Ame perpetuelemant tous les ans, au mois de May, an toutes les Chartreuzes du monde. Les offeques furent magnifiques, fon cors fut anterré audevant du grand Autel des Minimes de la Plaine, à un quart de lieuë de Grenoble, où neantmoins ne luy fût dreffé ny tombeau, ny monumant, ny marque aucune, qui peût faire cónoitre que là git un fi precieux dépos.

Le Roy Hanry IIII. qui avoit toujours an la bouche & au cœur, les merites de Bayard, & les propozoit fouvant pour example à fa Nobleffe,

étant

étant à Grenoble l'an MDC. se rezolut de luy faire eriger un tombeau, digne du renom d'un tel Chevalier & de sa Majesté : mais la guerre survenuë an Savoye, son mariage, & tant d'autres divertissemans arrivez dépuis, retarderent l'efet de ce Royal dessein, Il faut croire, si Dieu eut prolongé ses jours, qu'il s'an fut resouvenu. Cete gloire êt rezervee au Roy son fis, à prezant regnant, successeur de ses vertuz, comme de ses Couronnes. Les TROIS Etas de Daufiné, êtans à Grenoble l'an MDCXIX. firent un fons de mille livres, pour luy dresser un Monumant, mais les deniers, ayans été divertis, on n'y a rien fait. Voyant donc que le lieu de la sepulture de ce grand Chevalier demeure jusques à prezant comme incóneu, ie fis les vers suivans, l'an MDCXXII.

SVR
LES FONTAINES
DE VALS EN VIVAREZ.

'AY reçeu tant de foulagemant des fontaines de VALS, & tant de faveurs, &
courtoizies des habitans du lieu, que je ne
leur en puis randre affez de graces. En l'an
M.DCIX.& M.DCX.aux mois d'Aout & Septébre
j'alay boire des eaux de ces fources: Là je recou-
vray ma premiere fanté,de forte que depuis je n'ay
eu aucun refantimant de pierre ou gravele,dont
j'êtoy fi travaillé, que i'avoy préque perdu l'efpe-
rance de pouvoir dezormais paffer un feul iour fans
douleur & incommodité,quoy qu'auparavát en l'an
M.DCVIII.ie fuffe heureuzemét relevé de l'incizió.
Le bourg ou village de VALS eft fitué dans le cœur
de Vivarez, païs montagneux, où pourtant ie n'ay
rien trouvé de rude que les rochers, car le Peuple y
eft, pour la plus part, doux & courtois à qui le fait
menager. Durant le fejour que i'y ay fait ie com-
pozay quelques vers , pour me divertir & trouver
le tans moins ennuyeux, & ayant veu le recueuil
des vertuz & proprietez de ces Fontaines,defqueles
le fieur du Blanc Medecin ne fait aucune mention

en son livre des eaux medecinales de France, j'ay
creu que je le devoy mettre icy, afin que ce qui est
utile à tous soit conneu de tous, au moins de ceux
qui daigneront lire cet euvre: Ce sera aussi un témoignage de mon afection envers les Habitans,
lesquels, bien qu'ils soient élevez & nourris dans
les guerres & les armes,& soient éloignez des yeux
& des loix du Roy & des Magistrats, sont neantmoins remplis de civilité,d'honneur,& courage.

LA PROPRIETÉ DES EAVX
medicinales de VALS en Vivarez.

AV dessous du bourg de VALS environ mile
pas & à demi lieuë d'Aubenas en Vivarez,
sortent de deux roches vives deux fontaines froides, claires & nettes, que le ruisseau de Volane divize & separe. Tant de siecles ont passé, durant lesquels eles ont esté cachées ou inconnuës,
bien qu'eles fussent aparantes, ayant esté découver-
tes seulemant dépuis huit ans par un pêcheur du
lieu,apellé Pierre Brun, dit Martin, qui premier en
gouta & publia leur qualité: dont le renom & reputation s'étant épáduë bien loin, un nombre infini
de Peuple y vient tous les ans & en uze avec grand
amandemant & secours : la plus part remportant
entiere guarison de leur maladie. Cele qui est du
côté du bourg, regardant le Soleil levant, s'apele
la fontaine Marie: l'autre qui est au delà du ruisseau,

regardant le couchant, ſe nomme la fontaine Marquize,en l'honneur de haute & puiſſante Dame Ma-
dame Marie de Montlor, Baronne d'Aubenas, Mir-
mande,& Montbonet,haute Dame de VALS, & autres terres : veuve de Meſſire Philippes d'Agout
Marquis de Grimaud de l'Illuſtre maizon de Saut.
à prezét mariée avec Meſſire Iean Batiſte d'Ornane,
Chevalier des Ordres du Roy, Colonel des Corſes,
Lieutenant general pour ſa Majeſté au gouverne-
mét de Normádie,& Gouverneur de Monſeigneur.
Du tans de ladite Dame eles ont eſté reconnuës, &
renommées. Eles tienent beaucoup de l'eſprit du
Vitriol, bien peu de l'alum & du fer, & moins du
ſoufre. La fontaine Marie donne un petit benefice
de ventre & provoque fort les urines: La fontaine
Marquize purge davantage par les ſelles & ne laiſſe
de provoquer les urines. On boit de l'une & l'autre
en divers jours,premierement de Marquize,puis de
Marie. On peut boire des deux en méme jour ſi l'on
veut. Eles ſont bonnes en tout tans, notamment ez
mois de Iuin, Iuillet, Aouſt, & Septambre. Toutes
deux font des merveilles, confortent l'eſtomac, en
tirent les cruditez & la bile: temperent le foye: dé-
chargent la rate: chaſſent les vans & la melancolie
des hypocondres:ouvrent les obſtructions & opila-
ionts: font perdre les pales couleurs, & la jauniſſe:
purifient le ſang: rafrechiſſent les reins: gueriſſent
de l'hydropizie & colique; font jeter la pierre, qui
n'eſt trop avancée: comminuent & evacuent le cal-
cul & gravele,ſoit des reins, ſoit de la veſcie : ren-

dent fecondes les fames fteriles , qui ne font hors d'âge de porter anfans: rabillent la matrice: provoquent & reglent le flux menftrual: clarifient la veuë, en s'en lavant les yeux: ouvrent l'apetit:fortifient le cors & le font fain,difpos, & comme rajeuni & renouvelé:Eles n'ont aucune qualité nuizible au cors, pourveu que l'on en uze avec prudence , fans excez ny débauche. Avant que d'en uzer il eft bon de fe purger univerfelement & faire ouvrir la veine : Il les faut prandre le matin apres Soleil levé, qui plus qui moins, felon les forces & portée de l'eftomac; faire un mediocre exercice en fe promenant : ne manger de deux ou trois heures apres : ne gouter d'aucun fruit , foit cru ou cuit: ne dormir fur le jour: fe garder de l'acointance des fames : fe tenir alegre & ioyeux le plus qu'on peut : Il en faut uzer un mois, ou du moins trois femaines, laiffant quelque iour d'intervale, afin de ne laffer & travailler trop l'eftomac : Ayant ceffé d'en boire on ne doit manquer de prendre trois onces de manne de Calabre, dans un boüillon de polet fans fel,pour evacuer les eaux fuperfluës,qui pourroient être arrétées dans le ventricule & autres parties du cors. On a veu tant de preuves admirables de leur vertu , qu'on les peut parangonner, voire preferer aux plus excellentes & recommandées de l'Europe. Mais il femble que nature ait efté avare & chiche d'un fi grand trezor, ne les ayant rendu fi groffes & abondátes, comme il feroit neceffaire:le ruiffeau de Volane en couvre plufieurs filets qu'on voit jallir du

profond de fes eaux, perfant à travers & jetant par
deffuz des petites pointes de bouillons , comme pour nous en faire montre, nous laiffer le dezir d'en joüir & le regret d'en être fruftrez : Toutefois ce qui nous refte & d'où l'on boit eft affez capable de fervir un grand monde,qui s'y rancontre
tous les ans. On voit auffi pleurer le rocher en divers endrois hors du torrent,par des petites veines,
qui devroient être evãtées & en faire diverfes fources, pour fecourir la multitude qui y aborde : ce
qui fe feroit aizement. LES HABITANS DE VALS,
ayant depuis fept ans fenti le fruit & cõmodité de
ces heureuzes fources, efperant que Dieu pour l'a-
venir continuera fes benedictions fur eles , apres
avoir ouy l'avis de pluzieurs doctes & experi-
mentez Medecins , & veu tant d'éfets des reme-
des qu'eles aportent au bien & foulagement de
toutes fortes de gens,de fexe,& d'âge,ont voulu ce
que deffuz être écrit en leurs Archives,pour en porter la memoire eternele à la pofterité. Fait à VALS
par moy Greffier & Secretaire dudit lieu, & par
deliberation du Confeil affemblé à cet éfet,le XXI.
jour du mois de Septembre M.DCIX. Extrait à fon
original demeurant au Greffe dudit VALS , deuë
collation faite par moy foufigné Bailly en la jurifdi-
ction dillec. ROVIERE. *Bailly.*

www.ingramcontent.com/pod-product-compliance
Lightning Source LLC
Chambersburg PA
CBHW070910280326
41934CB00008B/1657